だいわ文庫

人間関係が楽になる
アドラーの教え

岩井俊憲

大和書房

はじめに

「どの職場に行っても苦手な人がいる」
「どうしても周囲となじめない」
「今日も人間関係のトラブルで悩んでしまった」

このような悩みを解決できずに、ずっと心の奥に抱え続けていませんか。

30数年もアドラー心理学を中心に据えてカウンセリングをしている私の元には、こうした悩みを持つ人が、非常に多く相談に見えます。

そして、「**人間の悩みは対人関係**」ととらえるアドラー心理学は、こうした悩みの解決にとても力になれる分野なのです。

この『人間関係が楽になるアドラーの教え』は、そのものズバリのタイトルです。

①**人間関係は自分の力で変えられること**（第1章）
②**人間関係を変えるには「勇気」から始めること**（第2章）
③**人間関係をこじらせないためには「感情」のコントロールが必要**（第3章）

を「人間関係への考え方」のベースとして示し、より実践的なものとして、

④**人との距離を縮めるアドラー心理学流のコミュニケーション**（第4章）
⑤**習慣づけによって人間関係を変えていく秘訣**（第5章）

を提案することで、「人間関係を楽にする方法」をあなたに提供することを目指しました。

この本には「勇気と希望の使徒」と言われるアルフレッド・アドラー（１８７０〜１９３７）の理論をもとに、その後のアドラー心理学の発展した内容も加味し、さらには、アドラー心理学を伝えてきた私自身のカウンセラー、カウンセリ

ング指導者としての体験に裏打ちされた実践法をふんだんに盛り込んでいます。

「**ありがたそうな理論だけれど、実際にやってみるのは難しい**」**というような内容はどこにもありません。**

「ほんの少しの勇気を持ち合わせて、ちょっと努力すればできそうだ」ということを数多くをお伝えします。

この本に書いてあることは、アドラー心理学らしく実にシンプルです。

苦手な人と自分を偽《いつわ》ってまで仲良くする必要はありません。自分を避けようとする人に無理に近づく努力は無益です。**人間関係に〝ベスト〟はありません。**代わりにこんなことをメッセージとして発信しています。

苦手な人がいることを受け入れよう。人に疎《うと》んじられることもある。人間関係を望んだようにはできないこともある。

人間関係の好き・嫌いは誰にでもある。相性の良し・悪しもある。

それらはやむを得ない。

だが、**〝ベスト〟にはできないけれども〝ベター〟な選択によって、時に仕事と割り切って協力できさえすれば、自分や周囲を害することがない。**

人間関係に「建設的―非建設的」の基準を設けるならば、建設的な範囲に留めておこう。

いかがでしょうか？　このように考え、実践できれば、あなたの人間関係がとても楽になり、あなたの人生が一変することになりませんか？

もう一度書きますね。

この本は、「人間関係を楽にする方法」をあなたに提供します。

お手に取って読んで、実践してみてください。確実にあなたの人間関係が変わり、さらには、あなたの人生が一変するきっかけになる本です。

岩井　俊憲

人間関係が楽になるアドラーの教え

目次

第1章

人間関係は、自分の力で変えられる

第2章

人間関係は「勇気」から始めよ

第3章

人間関係をこじらせない「感情」のルール

第4章

人との距離を縮めるアドラー流コミュニケーション

第5章 習慣づけが、人間関係を大きく変えていく

第1章

人間関係は、自分の力で変えられる

人間関係を作る四つの基本要素

私たちを悩ませる人間関係は、次の四つの要素から成立しています。

①「自分自身」――自分自身をどうとらえているのか
②「相手」――相手が自分をどう受け止めているか
③「関係」――たとえば職場での上司と部下、先輩と後輩という関係
④「環境」――職場や学校などの生活環境

人間関係に苦しんでいて、解消したいと思うとき、私たちは四つの要素のどれかを変える必要があります。

では、四つの要素のうち、一番変えやすいのはどれでしょうか。

それをはっきりさせるために、まずは〝自分の意思で変えにくいもの〟から見ていきましょう。

人間関係を改善したいと思っている人が最初に、そして最も多く挙げるのが、「相手」についてです。

これは、相手があなたをどう見ているか、あなたをどう扱っているかが気になるということです。

「彼は自分の主張ばかりで、人のことを考えない」

「部長はいつも命令ばかりで、雑用を押し付けてくる」

こうしたものを解決したいと願うと、「相手が悪い」と思うようになります。

多くの人は、どうしても相手の心を変えたくなるのです。

たとえば、あなたが上司に便利に使われていて、日曜日に友だちと遊びに行く約束をしていたのに、急に休日出勤を命令されたとします。

でも、あなたは上司の指示には逆らえません。

本当は日曜日に出勤なんてしたくないのに、ついつい従ってしまい、上司を憎むマイナスの感情だけが膨れあがっています。

ここで最も変わりにくいのは、相手である〝上司の心〟です。

「あの上司の高圧的なところが気に入らない、なんとか性格が変わらないかな」と思ったところで、仕事上の力関係などもあり、そうそう変わらないのは容易に想像がつくはずです。

次に変わりにくいのは「環境」です。

基本的には、職場に異動を申し出る、あるいは転職すれば環境は変えられることでしょう。

しかし、そう簡単に何度もできることではありませんし、思い通りの環境に移れるとも限りません。

自分の意思で変えられますが、変えた結果が自分の思う通りにはいかないのが、環境といえるでしょう。

「相手」「環境」に比べて変えやすいのは「関係」です。

上司に便利に使われるのが嫌ならば、

「申し訳ありませんが、今度の日曜日は出勤できません」

とキッパリ断ればいいのです。

高圧的な上司の考え方を変えたり、上司と部下の関係をやめるのではなく、相手との服従関係をやめることによって、人間関係の苦しみを解消する方法です。

とはいえ、これはなかなか言いにくい場合もあります。

それでは、最も変えやすいのはなんでしょうか。

それは、なんといっても**「自分自身」が変えやすい**のです。

自分ならば、当然自らの意思で思う通りに変えられるからです。

自分の心構えをちょっとでも変えるのが一番簡単ですし、人間関係を大きく変える切り札となります。

アドラー心理学では、「自分の行動を決めるのは、自分自身」という「自己決定性」を唱えています。

どんなに同じ状況でも、どのような相手であろうとも、まずは自分が「これからどうしたいのか」を選べるのです。

相手も関係も環境も変えられなくても、自分だけは自らの力で変えられます。

そして、自分を変えていくことで、行き詰っていた人間関係自体も変化していくのです。

自分の心を変える方法については、本書のなかでこれからじっくりお話ししていきますので、この章ではまず自分を変えるのが一番効果的であることを理解しておいてほしいのです。

苦手意識は記憶から生まれる

カウンセリングをしていると、よく耳にするのが、「苦手な人がいる」という悩みです。

私がある女性のカウンセリングをしたときのことです。

その女性は同じ職場にいる、どうしてもソリが合わない人との関係で悩んでいました。

「私は威圧的な人が苦手なんです」

という彼女に、私はこう質問しました。

「威圧的な人の、どういうところが苦手なんですか?」

すると、彼女は子どものころ、とても厳しかった学校の先生の記憶を話してくれました。

その先生に威圧的な態度で何度も叱られた思い出が強烈で、先生と似たタイプの人には拒絶反応が出てしまうというのです。


このように、**人は誰かと出会ったとき、自分のなかの経験をもとに、一瞬のうちに人を判断しがちです。**

「この人って、苦手な先生に似ているからあまり関わりたくないな」

と、過去の経験や知識にしたがって、人の好き嫌いを決めつけてしまいます。

心のなかに分類ボックスがあって、いつも無意識のうちに「苦手」「得意」「まあまあ」の箱により分ける作業をしているのです。

アドラー心理学では、こういう主観的なものの見方を「**認知論**」という言葉で説明しています。

「認知論」とは、「人間は、たとえ同じものを見たり聞いたりしても、人によって、それらの受け止め方が大きく違う」という考え方です。

なので、私たちは、たとえ同じ人と出会っても、「感じのよい人だな」と思う人もいれば、「イヤミな人だ」と思う人もいるのです。

常に自分だけの主観的なモノサシで、物事を分類してしまうということです。

ですので、ある人を一瞬で苦手ボックスに入れてしまうと、意識しない限りなかなか新しいボックスへ入れ替えることはできなくなります。

そうすると、苦手な人は、ずっと苦手な状態が続くわけです。

そうした行動や思考パターンは「ライフスタイル」と呼ばれています。

苦手な人がいてもいい

そして、自分が相手に苦手意識を持つと、その警戒心が伝わり、相手からも苦手意識を持たれることがあります。

だから、これといって問題が起きたわけではないのに、なぜかウマが合わない人が出てきてしまうのです。

一方で、自分が相手に苦手意識を持っているにもかかわらず、相手が自分に好意を持っているケースもあります。

「過去に大好きだった人に似ている」

「仲の良い友だちと瓜二つ」

などの理由で、なれなれしく接してくることがあります。

こんなとき、自分の苦手意識はなかなか変わらず、かえって相手の好意が気味悪く感じられたり、うっとうしく思えたりしてしまいます。

こうなると、ますます苦手意識が増幅されてしまうのです。

そのような悩みを抱える人から、私は次のような相談を受けることがしばしばあります。

「苦手な人との関係を改善したいです」

「人間関係の苦手意識はなくならないのでしょうか」

これに対して、私は次のようにお伝えしています。

「苦手な人がいてもいいんですよ。苦手意識を弱めることはできますが、ゼロにすることはできないんです」

苦手な人というのは、決していなくなることはありません。

最初に見ていただいた、最も変えにくい「相手」を変える、ということだからです。

心は時にウソをつく

人は誰でも苦手な人がいます。

けれども、周囲が苦手な人だらけになってしまうことはありません。

私たちは人間関係に限らず、悩むときには、ある一定の傾向が見られます。

そのうちの一つが、物事を必要以上に誇張してしまうことです。

悩んでいるときの会話に注目してみると、「みんなが」「すべてが」「いつも」という言葉を使う傾向があります。

ある不登校の女子生徒から、こんな悩みを打ち明けられたことがあります。

「岩井先生、私は毎日がつらくて学校に行けません。**クラスのみんなから嫌われているんです**」

私は、本当にそうなのかなと思いながら尋ねてみました。

「そうなんだ。みんなから嫌われているんだね。ところで、クラスには何人の生徒がいるの？」

「38人です」

「あなたを除くと、37人いるんだね。じゃあ、そのなかで、明らかにあなたのことを嫌っていると思う人の名前を教えてくれない？」

彼女が挙げた名前を、私がホワイトボードに書き出していきます。すると、5人くらい挙げたところで彼女は答えに詰まってしまいました。

「えっと、あとは……、ええと……」

「ちょっと待って。あなた、みんなに嫌われているって言ったよね？　だとしたら、37人全員の名前が出てくるはずじゃないの？」

「ああ、うーんと、まあ5人くらいですかね」

「あれ？　クラスの全員じゃないんだ」

答えに困っている彼女へ、次にこんな問いを投げかけました。

「それなら、クラスのなかに、あなたに対して好意を持ってくれる人、いろいろ援助してくれたり、協力してくれたりする人っているの？」

「……いると思います」

「名前を挙げてみようか」

すると、スラスラと3～4人の名前が挙がりました。

「あなたはみんなに嫌われているって言ったけど、**好意を持ってくれる人もいるんだよね。**仲いい人もいるんだね。みんなから嫌われているわけじゃないよね」

「はい……言われてみると、みんなから嫌われてはいないのかも」

彼女はそう言うと、ホッとしたような表情を浮かべていました。

人間関係の「基本的な誤り」

この女子生徒が「みんなから嫌われている」と言ったとき、好意を持ってくれる人はいつのまにか頭のなかから消えていました。

そして、本当はクラスのなかの5人とだけ仲が悪いのに、クラス全員から嫌われているように思い込んでいたのです。

こうした思い込みを、アドラー心理学では「基本的な誤り」の一つ、「誇張」だといっています。

「基本的な誤り」のせいで、自分自身にマイナスのレッテルを貼り、次第に状況を誇張してしまうのです。

「基本的な誤り」には、ほかにも「過度の一般化」や「単純化」というものがあります。

「過度の一般化」とは、特定の現象を見て、すべてがそうなっているように一般化してしまう心の働きのことです。

学校で友だちとの関係がうまくいかなくなったから、勉強もうまくいかないし、スポーツもうまくいかないと決めつけてしまいます。

そして、**すべてを0か100かで考える「単純化」の発想に傾きます。**

「みんなに嫌われているからもう二度と学校には行けない」と決めつけるわけです。

本当は、遅刻して登校しても、時々休んでもいいのですが、そういう段階的な回答を選ぶことができなくなるのです。

私たちが悩みを持つと、「基本的な誤り」が悪さをして、正常な判断力を失わせます。

本当は自分に好意を持っている人もいるのに、すっかり見落としてしまうのです。

実際は、世の中には苦手な人ばかりなどということは決してありません。

苦手な人もいるというだけです。

「苦手な人がいる。だから、会社に行きたくない」

私たちを苦しめるのは、このような「～だから」という考え方です。

しかし、こう考えてみてはどうでしょうか。

「苦手な人がいる。だけど、仲が良い人もいる」

そう考えるだけで、気持ちがラクになりませんか。

これは、**イーブン・イフ（even if）発想**という考え方です。

何か嫌なことが起きたとき「たとえ○○だとしても～」と考えると、すべてが嫌なことばかりでないと気づきます。

ですから、「○○だけど」と考える心の習慣をつけてみてはいかがでしょうか。

自分の心の習慣を変えるだけで、ずいぶんと人間関係が変わって見えるはずです。

「会社に行きたくない」から「苦手な人」が生まれる

このように、会社や学校に行くのがつらい人は、その理由として「苦手な人がいるから」という理由を持ち出すことがしばしばあります。

「苦手な人がいる」（原因）から「会社に行きたくない」（結果）という順序での考え方を「原因論」といいます。

原因論は「できない理由」を作り出すのにとても好都合です。

「苦手な人がいるから会社に行けない」
「友だちから嫌われるから学校に行けない」

一見もっともらしい理屈なのですが、ではどうすればいいのかという問いに答えるのは困難です。

自分の力では職場から苦手な人を追い出せませんし、学校から嫌な友だちを消すこともできません。

原因論で考えている人に、「転職すれば嫌な人がいなくなるよ」とアドバイスしても、「でも、職場が遠くなると大変だし」「残業が多くなると困るし」など、**ほかのできない原因を持ち出すだけ**です。

原因論で考えていても、悩みは深まるばかりでしょう。

これから何ができるのか、を考える

そこで**アドラーは、人は目標を達成しようとする欲求を持って生きている、という考えをベースに人間心理を読み解こうとしました。**

これは「**目的論**」と呼ばれている考え方です。

目的論では、未来に目標があることで現在の状況や行為が決まってくると考えます。

つまり、先ほどの例でいえば、「**学校をやめること**」**が目的であって、**「**人間関**

係が苦手」というのは、後づけされた理由にすぎないのです。

しかし、自分の目標が常に適切とは限りません。

いつのまにか間違った目標を選んでしまった可能性もあります。

ですので、さらにアドラーは、人は自分の意思で目標を選びなおすことができると考え、目標達成のために何ができるのかを追究しました。

「学校に行く」という目標を持てば、これから学校に行くために自分に何ができるかを考えるようになります。

自分の意思を達成するのが目標になると、勇気を持って行動することができます。

大切なのは、過去がどうだったかよりも、今から未来に向けて何ができるか、です。

目標達成というとどうしてもビジネスの話と思いがちですが、これは人間関係もまったく同じといえます。

苦手な人がいるという事実を認めた上で、これから人間関係で悩まないために何ができるかという未来志向を持つことが大切なのです。

そうすれば、今この瞬間からでも、苦手な人との関係は変わっていくでしょう。

相手の機嫌が悪いのは、自分のせいではない

「苦手な人がいるのは、自分自身の性格に問題があるんじゃないのか」

このように、自分の心が狭いから人を受け入れられないのでは、と悩んでしまってはいないでしょうか。

人には、どうしても理屈抜きで相性が合わないときがあります。

自分にこれといった落ち度がなくても、苦手な人が出てきてしまうのです。

たしかに、相手の機嫌が悪いと、人は自分のせいだと思いがちです。

たとえば、ある女性がボーイフレンドとデートしたときに、特にケンカをした

わけでもないのに、彼が終始うわの空だったとします。

そうしたとき、私たちの多くは、不安になって次のような詮索《せんさく》をはじめてしまいます。

「なんか、私悪いことしちゃったかな」

「デートは翌週にすればよかった。今日、無理に誘ったのがまずかったな」

でも、**冷静に考えれば彼が不機嫌なのは、彼自身の課題であって、多くの場合、彼女は無関係です。**

彼はお腹が痛くて不機嫌だったのかもしれないし、仕事での失敗を引きずっていたのかもしれません。

そうだとすれば、彼女には責任がまったくないことになります。

アドラー心理学では、「機嫌が悪いことにも目的がある」と考えます。

それは、**「他者を近づけたくない」という目的**です。

不機嫌な彼は、そのときは自分の意思で不機嫌でいたかった、ということになります。

ですから、相手が不機嫌だったときには、「私のせいだ」と思わずに、ただ

「ああ、今日、この人は機嫌が悪いんだ」と思えばいいのです。

そして、その日は深く付き合わずに、日を改めて機嫌のいいチャンスを狙ってまたデートをすればいいのです。


あなたにも、親から「勉強しなさい」「仕事はうまくいってるの？」などと言われてムッとした経験があるのではないでしょうか。

まさに、そのときは「親を近づけたくない」という目的があって不機嫌になっていたのです。

ですが、**その不機嫌は長続きするものではありません**。別の日には、機嫌よく親と会話するわけです。

不機嫌な相手を目の前にしたとき、ときには「自分には関係ない」と割り切って接することも大切なのです。

人付き合いはトレーニングで上手になれる

人は身近にいる人との関係を通じて、人との接し方を経験的につかんでいきます。

アドラー心理学で、人間関係に大きな影響があるとされるのが、きょうだい関係です。

私自身は、男兄弟が多い家庭に育ちました。

そのなかで、一人だけ7歳年長の姉がいましたが、子どものころの私には、彼女は非常に強いタイプの女性に見えました。

弟をかわいがるという雰囲気もなく、私も姉に甘えるという意識はまったく持てなかったのです。

少年時代の私は、こうしたきょうだいたちと関わってきた経験から「女性は怖いもの」と考えるようになりました。

実際に、かつては女性が大の苦手で、女性を前にすると思うように話せなくなることもありました。

中学1年生のとき、悩んだ私は「もうクラスの女子とは話をしないぞ」と決心したこともありました。

そして、結局、女子とはほとんど話をしないまま、中学2年生になったのです。

中学3年生にもなると、さすがに必要に応じて女子生徒とコミュニケーションを取らなければならなくなります。

恋もするようになり、徐々にですが、女性と話す機会を持つようになりました。

そうこうするうちに、自然と女性と接することにも慣れていきました。


今、私のカウンセリングや研修の受講生の7~8割は女性です。

ですから、今では、女性の心理がよくわかるようになりました。女性6人の輪に入って1人でお話しするような機会も多々あります。

そうなると、もう子ども時代の反動で、女性と話すことが楽しくて仕方がなくなります。

結局、私は女性との接し方をトレーニングしてきたということになります。

このように、**人間関係はトレーニングが可能です。**うまくいかないのは、単に知識や経験が足りなかっただけで、ちょっと練習すれば人間関係がよくなるケースはたくさんあります。

新しい経験をすれば、誰でも、何歳からでも人間関係は変えられるのです。

「苦手イメージ」は上書きできる

人の苦手意識は、確かに解消されることがあります。

最初は、なんとなく苦手意識を感じていた人でも、付き合っていくうちに、「こんな素敵なところがあるんだ」「意外といい人じゃないか」と気づき、徐々に親しくなる。

そんな経験は、あなたにもきっと思い当たるはずです。

苦手な人のイメージは、よい体験によって上書きできます。

ですから、人間関係もいつでも上書きできるのです。

こう伝えると、「なにがなんでも嫌なイメージを上書きしないといけないの?」という疑問を呈《てい》されることもあります。

でも、無理をしてまで相手のイメージを上書きをする必要はありません。努力しても、どうしても苦手な人というのはいます。

人には相性の法則があります。

具体的には、自分の周囲にいる人たちは「2:7:1」か「2:6:2」の割合で「相性の良い人:普通の人:相性の悪い人」に分けられます。

あなたの周囲の人たちも、あなたに対して同じ割合で相性のよしあしを判断しています。

いかがでしょう、思い当たるものがあるのではないでしょうか。

繰り返しますが、無理をしてまで苦手な人間関係を克服しなくても大丈夫です。

「人は誰でも苦手な人がいる」

「私が苦手な○○さんは、全体の中でたった2割の相性が悪い人」

と理解しておくだけでも十分なのです。

苦手な人とも付き合っていくうちにうまくいくことがあるし、やっぱりうまくいかないままのこともある。

そう考えるだけでも、少しだけ肩の力を抜くことができるはずです。

イヤな人間関係は「仕事」と割り切る

人間関係をあまり重苦しく考えすぎないことも大切です。

人が生きていくには、あらゆるところで人間関係が発生します。

いろいろな条件が重なり、「どうしても付き合わなくてはいけない人」というのが、どこにでもいるものです。

そのなかには、よい関係もあれば悪い関係もあるでしょう。

でも、すべてが1日中ずっと続くわけではありません。

なので、ときには「人間関係はお仕事だ」と割り切ることも肝心です。

どんなに苦手な人とでも、お仕事として関係しなければいけない場面は生じます。

そこではお仕事として割り切った対応をすればよいのです。

仕事の場合、まずは、報告・連絡だけはぬかりなく行います。

最低限の情報を事務的に伝えておけば、それ以上に関係がこじれることはありません。

そして、相手への苦手さを認めつつも、仕事面では敬意を払って、適度な距離感を保っていきます。

相手に巻き込まれない程度に関係していくようにするのです。

それでもトラブルを起こしてしまったら、神様があなたに鍛錬《たんれん》の場を与えてくれたと考えましょう。

1日のうちのほんのちょっとの時間は苦行に耐えて自分を鍛える時間だと思いましょう。

そして、ほかの、未来に待っている楽しみに目を向けていけばよいのです。

気に入らない人の懐に飛び込んでみる

ある男性の妻は、人気アイドルグループの熱烈なファンでした。ヒマさえあれば、彼らが出演したテレビ番組をチェックしたり、ＤＶＤを楽しんだりしているといいます。

台所で家事をしながら、アイドルグループの曲を口ずさむこともたびたびです。息子も、母親のアイドル好きをおおらかな目で見ています。

でも、男性にはその様子が気に入らないところがあったようで、

「アイドルだかなんだか知らないけど、イマドキの軟弱なやつらじゃないか。どこがそんなにいいんだ」

と、半ば冷めた気持ちで見ていたのです。

ですが、あるとき、彼はふと考えました。

「なんで、オレはこのアイドルグループを嫌っているのだろう」と。

その気づきのおかげで、わかったことがあります。**どうやら彼はアイドルグ**

ループに嫉妬《しっと》していたようなのです。

よくよく考えてみると、彼は妻が自分より若い男性に関心を向けているのが面白くありませんでした。

自分の嫉妬心を冷静に見つめた上で、アイドルグループが出演するドラマを見てみると、これがなかなか悪くなかったといいます。

このように、自分からアイドルの世界に入ってみたら、外から見ていたのとまったく見え方が異なるのです。

彼が思っていたより、グループのメンバーははるかに魅力的で好感の持てる好青年だったということでしょう。

先ほどの「イメージの上書き」と同じように、**嫌いだから単純に遠ざけてしまうよりも、思い切って触れてみることで、人生は大きく変わります。**

みんなが好きだと言っているけど、自分はなんとなく苦手な人がいたとき、実際に話してみると、やはり好かれているだけの何かがあると理解できることがあります。

「なんだ。たいした根拠もなく嫌いになっていただけだったんだ」
と気づき、親しくなる可能性だってあるのです。
どんな人でも付き合ってみないとわからないことがあります。
そして、**苦手な人でも、どこかしら波長が合う部分があります。**
ですから、苦手な人の懐に思い切って飛び込んでみることも、ときには大切です。
関係を持ってみて、うまくいけば、先述のように人間関係の上書きができます。
やはりどうしてもうまくいかなかったら、再び距離を取ればよいのです。

相手の短所の「ウラ」を見る

人は基本的に、長所に基づいた行動をしています。

朝、あいさつをする。同僚のためにお茶をいれてあげる。不在の人に代わって電話に出て、伝言メモを残す……。

逆に、短所に基づく行動は全体のなかでいえば、あまりにわずかな割合なのです。

ですが、普段から行っている長所に基づく行動が当たり前すぎたり、目立たなかったりするため、**私たちはついつい相手の長所を「当然のもの」として見逃しがちです。**

そのうえ、私たちは上司や先輩、親、教師など、自分に影響を与える人になればなるほど、相手の短所に目を向けてしまう傾向があります。

本当は全体の5パーセントくらいしかしていない行動であっても、「また、こういうことをしている」と批判的な目で見てしまいます。

それどころか、長所に基づく行動までも、短所としてとらえてしまいがちなのです。

ただし、こうした問題に関連して、アドラーはこのようなことを言っています。

「大切なことは、何を持っているかではなく、持っているものをどう使うかである」

ここで、ある医学生の例をご紹介しましょう。

4年生への進級を目前に留年を経験してしまった彼は、私に会うなりこう言いました。

「私は医学部には向きません。どうしてかと言うと、集中力がないからです。勉強をしていても、20～30分もたつと、電話をしたくなったり、音楽を聴きたくなったりして、まったく身が入らなくなるんです」

これを聞いた私は、次のように答えました。

「あなたは散漫力があるんです」

「え？　散漫力ですか？　そんな言葉を聞いたのははじめてですよ」

「じゃあ、今からあなたに散漫力を生かした勉強法を教えてあげましょう。まずは、三つのテキストを用意しなさい。内科学に20分で飽きてしまったら、それは放り出してもいいから、今度は産科学を勉強しなさい。それにも飽きたら、解剖学の勉強をしなさい。これならあなたにもできるでしょう？」

「たしかに、それなら私にもできそうです」

その日から、彼はさっそく私が教えた勉強法を実行しました。

その結果、医師国家試験に見事一度で合格したのです。

集中力がないということは、散漫力があるということでもあります。

だから、散漫力を生かせばいいのです。


紹介したケースでは自分についてのことでしたが、それだけでなく、他人を見るときにも応用できる考え方です。

たとえば、「短気な人」は「瞬発力がある人」と言い換えることが可能です。「のろのろしている人」は「じっくり考えて行動する人」と表現できますし、「頑固な人」は「信念が強い人」と言い換えられるでしょう。

「この人は短気というより、瞬発力がある人なんだ」と思えば、不思議と瞬発力がある人に思えてきます。

そうしたら、スピードが求められる仕事のやり方を相談するなど、瞬発力を生かせるような対応をしていけばいいのです。

大切なのは、マイナスの部分に目を向けすぎないことです。

プラスの部分を見て、それを生かそうと考えるだけで、苦手意識を克服できる可能性が高まるのです。

「好き・嫌い」の尺度を捨てる

私たちはどうしても、人に嫌われたくないという思いにとらわれがちです。相手に嫌われたくないと思うあまり、相手の要求に不本意ながら従い、無理をしてしまうことが多いのです。

「嫌われたくない」という感情の根底にあるのは、好き嫌いという尺度です。日本人は好かれるか嫌われるかを極端に気にしています。

確かに、誰だって嫌われるよりは好かれたいと思っていますし、私にも好かれたいという気持ちがあります。

不本意ながらも、嫌われないための努力に、私たちは時間を使いすぎてしまっています。

けれども、そろそろ好き嫌いという尺度から離れてもよいのではないでしょうか。

アドラー心理学では、好き嫌いに代わる尺度として、「建設的であるか、非建設的であるか」と提示しています。

これは、自分と相手との共通の目標（ゴール）を設定して、その目標を達成するために、「2人はどうあるべきか」を考えて、お互いに働きかけていくような関係を意味します。

好きか嫌いかを人間関係の尺度にしてしまうと、最終的には相手の判断にゆだねることになるので、相手との関係を自分ではコントロールできなくなります。

つまり、みんなに好かれようとすればするほど、成果の出ないむなしい努力を重ねるだけになってしまうのです。

そうであるなら、職場の人、家族、恋人のために、自分は本当に貢献しているのか、建設的な行動をしているのかを考えたほうが、自分でコントロールできることに時間を使えるはずです。

共通目標のために、自分ができることに力を注ぐ。

その結果、**人から嫌われたとしても、それは自分ではコントロールできないことなのだから、あるがままに認めましょう。**

たとえ苦手な人がいたとしても、苦手な人を克服できない自分を責めてはいけません。

人から嫌われる自分を受け入れればいいだけです。

みんなに好かれている、というのは幻想です。

同じように、**みんなから嫌われているというのも妄想にすぎません。**

だから、好かれることに執着しなくても大丈夫です。

自分に好意を持ってくれる人もいれば、嫌う人もいるというだけのことなのです。

人間関係の挫折も、成長するタネ

「人と仲良くしようとして、かえって関係を悪化させてしまった」
「結婚したけど、性格の不一致が理由で離婚してしまった」

人間関係で失敗したとき、くれぐれも相手を攻撃したり、自信を失ったりしないでください。

失敗はチャレンジの証です。

人とよい関係を作ろうとチャレンジした結果、たまたま失敗しただけ。失敗を後悔するよりも、チャレンジを評価すべきです。

失敗から、人は多くを学ぶことができます。

失敗はせっかくの学習のチャンスですから、むしろ積極的にしてもいいくらいです。

私は離婚を報告してくれる人に対して、**「いい結婚のレッスンができたじゃな**

いですか。おめでとうございます！」とお伝えしています。

人間関係で失敗したときには、こう思うことにしましょう。

「私は難しい人間関係にチャレンジしたんだ。相手の懐に入ろうとしただけでも収穫だね！」

「今回は失敗しちゃったけど、人との距離感をたくさん学んだから十分に元は取れているぞ」

リスクを負わずしてリターンは得られません。

これは人間関係にも通用する真理です。

真の人間関係を築く上では、失うものもたくさんあります。

ですが、誰とも関わりを持たず、まったく傷つかない人生より、ときには傷ついたりしながらいろいろな人と関わって成長していく人生のほうが魅力的だと思います。

第2章

人間関係は「勇気」から始めよ

勇気を与えられる人に、苦手な人はいない

アドラー心理学では、目標に向けて一歩を踏み出せるように他人を、そして自分を「勇気づけること」を重視します。

そのため、しばしば**「勇気の心理学」**などと呼ばれます。

勇気というと何か大げさな気がしますが、私たちが苦手な人と付き合っていくための普遍的なキーワードでもあります。

英語でいう「courage（勇気）」は、もともとラテン語のcor（コール）に由来し、人間の活力を司るheart（心臓）の意味を持っています。

つまり、勇気＝困難を克服する活力であり、**勇気づけとは「困難を克服する活力を与えること」ということです。**

人間関係での勇気は、向こう見ずな豪胆《ごうたん》さとは違います。

どんなに臆病な人でも心の奥に人とかかわろうとする勇気を持っていますし、

いざというときに自分や他人を勇気づけることもできるのです。

苦手な人を少なくするために、どうして勇気づけが必要なのでしょうか。

その理由は、以下の三つにまとめられると私は考えています。

①相手の自己肯定感を高められる

自分自身を嫌っている人は、自分の姿を他者に投影して、他者も嫌ってしまう傾向があります。

つまり、**自己肯定感の低い人とうまく付き合うには、勇気づけで相手の自己肯定感を高めるのが一番です。**

②相手との信頼感を高められる

相手を勇気づけると、お互いの信頼関係が高まります。当然、人間関係も良好なものへと深まっていきます。

逆にいえば、**下心を持って相手をおだてるような行為は、相手に不信感を生む**

ので勇気づけとは異なるということです。

③相手が他者に活力を提供できる

勇気づけた相手が元気になり、その元気を周囲の人のために提供するのは理想的な姿です。

これが**勇気づけの最終的な目標**ともいえるでしょう。

勇気づけには、「自分自身に対する勇気づけ」と「他者に対する勇気づけ」の2種類があります。

ただし、第1章で述べたように、自分の意思で思う通りに変えられるのは、自分自身しかありません。

そこでまずは、**自分への「勇気づけ」から始めることで、徐々に真の人間関係を築ける人となりましょう。**

そうすることで、周囲へ「勇気を与えられる人」になっていくのです。

自分を勇気づける四つのルール

では、アドラー流の自分を勇気づける、とっておきの四つのルールをご紹介しましょう。

①「目的志向」で生きる

アドラー心理学では、過去の原因をさかのぼる原因志向ではなく、目的志向から人間を理解しようとします。

人がとる行動は、その人の目標や目的にしたがった結果だと考えるわけです。**目的志向で考えると、過去にいろいろな問題があったとしても、それをどう解釈し、対応するかは自分で決めることができるようになります。**

過去は変えられませんが、私たちは現在と未来を変えることができます。そのために正しい目標を自分自身で選んでいくことが、自分を勇気づけることになるのです。

②「建設的な人」を目指す

「いい人」とは、言ってみれば相手や周囲の人にとって都合のいい人、便利な人ということです。

相手を喜ばそうと努力するのは悪いことではないのですが、相手の都合で動くクセがついてしまうと、自分を演じてばかりいるので、やがて疲れてしまいます。

人間関係で疲れてしまう人は、自分が相手にとって都合のいい人になっていないかどうかを見直してみましょう。

「いい人」になっている人は、それをやめる決断をしてください。

いい人をやめても、そんなに不都合なことは起きません。

他人は、自分が思っているほどにあなたに興味を持っていません。

あなたがいい人をやめても、人間関係が悪化する心配は無用です。

実は、自分が他人の期待を思い込みで背負っていただけかもしれません。

いい人をやめるのに必要なのは、決断力です。

いい人を目指すのではなく、「建設的な人」を目指しましょう。

お互いの共同の目標のために何ができるのかを考えて実行するのです。

それが、自分を勇気づけるだけでなく、相手を勇気づける近道でもあるのです。

③笑いを取り入れる

アドラー心理学では、笑いの効果を非常に重要視しています。

アドラーは、「喜びは自分を他者と結びつける情動であり、悲しみは離反させる情動である」と語っています。

人は笑うことで開放的になり、心にもゆとりが生まれます。

そうすると物事を客観的に見られるようになるので、「自分はなんてつまらないことにこだわっていたのだろう」と気づきます。

楽観的に考えて、未来志向で相手と付き合うことができるようになるのです。

アドラーの弟子であるウォルター・ベラン・ウルフという人は、「笑えば世界は君とともに笑い、泣けば1人で泣くのだ」という西洋のことわざを引用して、

「笑いとユーモアのセンスを養うことは、よい世界のためのすばらしい訓練である。**自分自身と仲間の人とを結びつけるためには、なごやかでユーモラスなパーソナリティを養うのが一番である**」

という言葉を残しています。

私も彼の言葉にしたがって、自分でも笑いを意識した生活を送るようにしていますし、カウンセリングでも相手に笑ってもらえるように努めています。

④楽天主義でなく、楽観主義になる

楽天主義の人は、根拠もなく「いいことが起きる」と信じて疑わない人です。悪い言い方をすれば、脳天気な人でもあります。

一方、楽観主義の人は、世の中にはよいことも起きれば、悪いことも起きると理解しています。

そのうえで、**自分は最善の選択ができると信じています。**

好ましくない状況をまのあたりにしたときは、「こんなこともある」と事態を冷静に受け入れます。

そして、

「今はマイナスの状況だけど、私なら挽回《ばんかい》できる」

「正しい手を打てば、必ずよい方向に向かうはず」

などと、現実を踏まえて楽観的に考えるのです。

これら四つを目標に、苦手な人との人間関係を、まずは自分の勇気づけから始めてみてください。

オセロのようにして、自分の気分を高める

自分を勇気づける癖づけは簡単にできます。

まず、生活そのものを「自分への勇気づけ」をテーマにして、変えていくことが一番です。

ここでは、その実践方法として、私が毎日行っている習慣をお教えしましょう。

たとえば、私は朝目覚めたときに、「あ〜、今日も爽快だ」と言いながら起き上がるように心がけています。

朝の目覚めは、これからの人生で、目標を達成するための時間がスタートする瞬間です。

その瞬間を、私は今日も手にすることができたのです。

当たり前のように思えるかもしれませんが、これはとても祝福すべきことです。

「今日も爽快だ」と口にすることで、これからの人生の誕生日を祝福の気持ちで迎えることができます。

私は祝福とともに妻と会話を交わし、祝福とともに顔を洗い、おいしい朝食をいただき、鏡に映る自分に微笑みかけます。

この朝の祝福を可能な限り大げさに演出するのです。

「人は今日1日を幸せに生きるか、不幸に生きるかを決断できる」と言った人がいました。私も同感です。

毎朝「今日も元気に行こう」と決断すれば、元気に1日を過ごすことができます。

私は、たとえ二日酔いの朝でも、爽快に生きることを「決断」しているのです。

そうして夜を迎えました。

1日を過ごしているうちに、嫌な経験をすることもあります。なかには嫌なことが連続する日もあります。

それでも私は、1日の終わりに入浴するとき、「今日もよくやったよ」と自分に感謝するのを習慣にしています。

就寝前には、その日に出会った人に感謝し、その人たちが幸せに生きられるように願います。

そうやって、良いことも悪いこともその日のうちに清算して、翌日に問題を持ち越さないようにしているのです。

オセロゲームでは、両端を白い駒で挟むだけで、なかに並ぶ黒い駒を真っ白にひっくり返すことができます。

同じように、**朝と夜に自分を勇気づけるだけで、1日のすべてを肯定して、自分を勇気づけることができるようになるのです。**

言葉だけでは、人を勇気づけられない

また、人間関係を円滑にする相手への勇気づけは、次の四つの条件によって成り立っています。

①発信者

同じ言葉であっても、誰が発言するかによって、勇気づけになる場合とそうでない場合があります。

部署が異なり、あなたの仕事ぶりをまったく見ていない人から、「最近、いい仕事をしていますね」と言われたようなとき、しらじらしく聞こえたり、何か下心があるのではと疑ってしまったりするでしょう。

②受信者

人によっては勇気づけの言葉を受け付けないことがあります。

「やめてください。私はとてもそんな人間じゃありません」と、はねつけてしまって共感を避けようとしてしまうのです。

③記号

記号というのは、簡単に言うと表情や語調、態度などです。**表情をくもらせた人から「ありがとう」と言われても、感謝の気持ちはあまり伝わってこないですよね。**

パソコンのディスプレイを見たまま「仕事を手伝ってくれて助かったよ」と言われたときも、同じです。

逆に言うと、「やったね」のガッツポーズが相手を勇気づけることもありますし、そっと肩に手を触れたり、抱きしめることで勇気づけになることもあります。

④相互関係

お互いに信頼し合っている人同士であれば、「馬鹿だなぁ」という悪口も勇気づけに聞こえるときがあります。**勇気づけの言葉になるかどうかは、関係によって決まってくる**ということです。

勇気づけのコミュニケーションは、言葉だけではありません。

「どんな言葉を言えば、勇気づけになりますか」

こんな質問を受けたとき、私はこう答えることにしています。

「**あなたが口にする限り、どんな言葉も勇気づけにはなりませんよ**」

言葉だけを取《と》り繕《つくろ》うのは、下心を持って人を動かそうとしているだけ。人を勇気づけることとは違います。

人を勇気づけるときには、ここに挙げた四つの条件に当てはまっているかどうかを確認することが大切です。

褒めるのではなく、勇気づける

ここからは、人への勇気づけの具体的な方法をお教えしていきましょう。

褒めることと勇気づけることは、しばしば混同されがちです。

確かに二つの行為は、一見すると似ていますが、明確な違いがあります。

褒めることは、一言で言うと外発的動機づけです。

よりわかりやすく言うと、**「人が相手を操作するための行為」**ということです。

職場では上司が部下の優れている点を評価し、賞賛することがあります。これによって部下はやる気を出し、生産性を上げようと努力します。

褒めることは一種の評価ですから、必ず褒める人は上司であり、褒められる人は部下という上下関係が前提にあります。

悪い言い方をすれば、「アメとムチ」のアメとして褒め言葉を活用しているわけです。

人は、誰かから褒められると、嬉しくなり、もっと褒められたいと考えます。そして、常に褒められるために行動するようになります。

逆に言えば、褒める人がいなくなったとたんに、行動しなくなるということです。

小さな子どもに「お片付けができてエライね」と言うとせっせと片付けるのですが、いくらやっても褒められないとわかると、まったく片付けようとはしなくなります。これと同じ原理です。

アドラー心理学では、人間関係を「上下関係」としてとらえてしまうことは、精神的な健全さを損なうものとみなします。

上司と部下だろうと、親と子だろうと、等しく横一線に並んでいる人間関係をベストとしています。

もし、横並びを前提とした人間関係のところに「褒める」を持ち込むと、前述したように、とたんに「褒める人と褒められる人」という上下関係が生まれてしまいます。

こうした状況を作らないためにも、「褒める」のはやらないほうがいいでしょう。

一方で、**勇気づけることは、内発的動機づけ**です。相手が自立して、自ら自分に「困難を克服する活力を与えること」です。ここにあるのは、**評価する／されるという上下関係ではなく、共感し合う対等の関係**です。

たとえ人から言われなくても、自分自身で「これをやればみんなのためになるし、自分も気持ちいいからやろう」と考え、自発的に行動するのが勇気づけです。こうした行動の結果では人間関係に上下が生まれず、横並びの一体感が生まれていくのです。

「褒め」は人間関係をダメにする

もう少し詳しく「褒める」ことのデメリットを説明しましょう。

ときには人を褒めることがあってもよいのですが、褒めてばかりいると弊害も生まれます。

褒めることには、以下の三つの問題点があります。

①褒め始めたら、やり続けなければならない

褒めて人を誘導する習慣がつくと、半永久的に相手を褒め続けなければならなくなります。褒めるのをやめたとたんに相手は動かなくなるからです。

②褒めるレベルを徐々に高めないと効果が薄れる

最初はちょっとした褒め言葉で相手のやる気を上げることができても、そのうち要求がエスカレートしていきます。より強く、より刺激的に褒めないと相手は動かなくなります。

③絶えず指示や監視を続けなければならない

褒めないと相手は動かないわけですから、常に相手を見続けて褒め続けなければばならなくなります。こうなると相手を操作するどころか、相手の一挙手一投足に翻弄《ほんろう》されてしまうことになります。

どうでしょう。子どもや部下との人間関係に悩んでいる人は、もしかしたら、外発的動機づけに慣れてしまい、結果的に自分を苦しめているのかもしれません。

一刻も早く、相手を勇気づけるように意識を変えることが大切です。

どんな相手でも、感謝する材料を探す

こうした、他人からの評価を基準とした「褒める」から「勇気づけ」に変えるにはどうすればいいのでしょうか。

そこで、勇気づけとして最も効果的で、すぐに始められる一つめの方法が、「感謝」です。

まず、**「あなたに感謝しています」と言って、相手に否定されるケースはほとんどありません。**そして、感謝をするのに仕事上の評価やお金も関係ありません。

だから、感謝こそが最も有効な勇気づけとなるわけです。

感謝で人間関係を回復した例を一つご紹介しましょう。

私が、ある企業の研修を行ったときのことです。

休憩時間中に、私のもとに質問に来た1人の女性社員がいました。

話を聞くと、彼女は次のような悩みを打ち明けました。

「実は、最近夫と離婚の話をするようになりました。この研修が終わったら、いよいよ本格的に夫と離婚に向けた話し合いを進めなければなりません」

「あなたは離婚したいと思っているのですか？」

「いいえ、できれば離婚はしたくありません」

彼女と夫の間には小学生の子どもがいるといいます。

普段夫との会話はほとんどなく、その日も、夫に何も言わないまま、子どもを残して宿泊を伴う研修に出かけてしまったそうです。

ひととおり事情を聞いた私は、こう提案しました。

「**それなら、夫に感謝を伝えなさい**。あなたが研修に来ている今、夫がお子さんの面倒を見てくれているのでしょう？　それなら、感謝できる材料があるじゃないですか」

「感謝……ですか？」

「そうです。メールでもいいので、感謝の言葉を贈りなさい」

午後の研修の合間には、一生懸命メールの文面を考えている彼女の姿が目に入りました。

どうやら私のアドバイスした通りに夫にメールを送っていたようです。

そして、次の休み時間に、再び彼女が私のもとにやってきました。

「岩井先生、夫からメールが返ってきました」

「どんな言葉が書いてありましたか？」

「心配しなくていいから、研修をゆっくり受けていらっしゃい、と……」

「離婚するような夫婦のやり取りと全然違うじゃないですか。それより、**届いた**

メールには、また感謝の材料がありますよね」

「はい。さっそく返信します」

研修の間、彼女は夫と何度かメールのやり取りをくり返したそうです。

そして後日、私のもとに彼女から「離婚の話はなくなりました」との報告がありました。

「ありがとう」はメールで贈ろう

このように離婚危機を迎えた夫婦にとっても、感謝は関係を好転させる大きな力を持っています。

直接感謝の言葉を口にするのももちろんいいですが、**メールや手紙など、記録として残る方法で感謝を伝えると、何度も読み返され、相手のなかで感謝のメッセージがくり返し再生される効果があります。**

また、感謝には、自分が感謝すると相手からも感謝されるというブーメラン効果があります。

感謝されて文句やクレームを言う人はいないはずです。

私たち日本人は、感謝を口にするのが苦手な傾向にあります。

たとえば、あなたが扉の閉まりかけたエレベーターに、急いで飛び乗ろうとする場面を思い浮かべてください。

誰かが「開」ボタンを押して待ってくれていたら、私たちはとっさに「すみません」と言ってしまいがちです。

けれども、これは感謝ではなくて謝罪を伝える言葉です。

ついつい「すみません」と言ってしまったときでも、「ありがとうございます」の一言を付け加えればよいのです。

謝罪だけのときよりも、謝罪プラス感謝を伝えたときのほうが、相手を大きく勇気づけます。

「ダメ出し」は最悪の手段

感謝すること以外にも、相手を勇気づける方法はいくつもあります。

ここからは、感謝以外の代表的なものを一つずつご紹介していきましょう。

まず、「ヨイ出し」をすることです。

ヨイ出しとは、相手の長所に目を向けて、良い行為であると言葉に出して伝えることです。

つまり、「いいね！」を言葉で伝えてあげる行為のことです。

ヨイ出しは、見かえりや服従を求めません。そして、相手を評価したり、操作したりする効果が少ない点も褒めるのとはまったく違う点です。

「ヨイ出し」の正反対の行為が「ダメ出し」です。

具体的には、相手の欠点に注目して、けなしたり、非難したりすることです。

「ヨイ出し」という言葉を初めて耳にした人でも、「ダメ出し」は日常的に耳にした経験があるでしょう。

よくよく周りを見てみると、職場の会議やミーティング、報告や連絡、相談の場で、**私たちは驚くほどたくさんの「ダメ出し」を行いがち**なのがわかります。

私が知り合いの俳優に誘われて、演劇の舞台を観に行ったときのことです。

事前の話では主役を務めるはずだった俳優が、当日は病欠を理由に姿を見せず、代役が演じることになっていました。

それでもせっかくだからと鑑賞したのですが、代役の俳優は台詞を間違えるし、周囲もなんだか萎縮していて、さんざんな出来だったのです。その日は、劇場がひどく狭く見えたのを覚えています。

私は、舞台に誘ってくれた友人をつかまえて言いました。

「今日のあの芝居、ひどいじゃないか。主役が病気で降板したというのは嘘だろう？」

「そうなんだよ。演出家のダメ出しがひどくてさ。しまいには、ケンカになって舞台を降りてしまったんだよ」

「やっぱりそうだったのか」

「今日は申し訳なかったけど、次に別の舞台があるから、是非来てほしいんだ。招待するよ」

「また、今日みたいな舞台だったら嫌だよ」

「いや、岩井さん、今度こそ期待に応えますよ」

私は彼を信じることにしました。


後日、舞台に行ってみると、先日と同じ劇場のはずなのに、とても広く見えました。もちろん、内容は素晴らしいものでした。

大満足の私は、再び彼をつかまえて尋ねました。

「びっくりしたよ。この前とはまったく別物で、素晴らしい舞台だったね！」

「そうでしょう。今回は、アメリカ人の演出家で、ダメ出しはしない人なんだ。僕たち俳優が自分の演技のイメージを伝えると、『それでいけ！』と後押ししてくれるんだ」

俳優の素晴らしい演技を引き出したように、**ヨイ出しは人の能力を伸ばす大きな力を秘めています。**

誰だって、良いところを探されて伝えられると、気持ちが込もって努力をします。

ヨイ出しは上下関係ではなく、対等の関係での働きかけですから、褒めることとは違います。

つまり、ヨイ出しは相手の勇気づけに絶大な効果を発揮するのです。

「結果がすべて」という考えをやめる

次の勇気づけの方法は、「プロセスを重視すること」です。

これは、「結果がすべて」という考え方と対極にある物事のとらえ方です。

すべての出来事には、プロセスと結果があります。

このプロセスと結果は、常に一定の関係とは限りません。

よりわかりやすく説明するために、たとえばあなたが初めて水泳を習い始めたと仮定しましょう。

最初は、息継ぎやバタ足の練習を必死になって頑張りますが、努力の割にはなかなか泳げるようにはなりません。

それでも、めげずに練習を続けていると、プールに足をつけずに泳ぐことができる瞬間が訪れます。

最初は、25メートルを泳ぐだけでも何分も時間がかかってしまうかもしれません。

しかし、毎日練習していれば、どんどんタイムが短縮されるはずです。

ここに来ると、努力の成果が大きく表れるようになるのが実感できるでしょう。

同じくらいの努力をしたからといって、いつも努力に応じた成果が得られるとは限りません。

にもかかわらず、**勇気を与えられない人は、結果だけを見て「何をやっているんだ」と相手を非難してしまうのです。**

ここでプロセスを重視すれば、相手にかける言葉は次のように変わるはずです。

「ずいぶん努力しているね。工夫のあとが見られるよ」

「君は実感がわかないかもしれないけれども、3カ月前に比べると、ずいぶん前進しているよ」

プロセスを重視すれば、たとえ相手が目上の人であっても、簡単に勇気づけを行うことができます。

たとえば、20代の部下がITに弱い上司にパワーポイントの使い方を教えたとしましょう。

この場面でも、部下から上司へ向けて、嫌味にならないような勇気づけを行うことが可能です。

「○○さん、こんなに地道に努力されているなんて、頭が下がります」

「新しいことにも勉強熱心なんですね！」

達成した成果よりも、それに向けた姿勢を認めているわけですから、単なるヨイショとは異なります。

つまり、プロセスを重視することで、立場に関わりなく勇気づけを行うことができるのです。

人間関係をダメにする「勇気くじき」

勇気づけとは正反対の行為もあります。

人から困難を克服する力を奪う「勇気くじき」というものです。

「そんなもの聞いたことない」という人もいるでしょうが、実は意外にも多いのです。「勇気くじき」をする人は、次のような行動をとります。

①相手のダメなところを指摘する

②減点主義で物事をとらえる
③高すぎるゴールを設定する
④失敗をとことん批判する
⑤「お前のせいでダメになった」と物事を一方的に決めつける

ある会社の課長は、部下が企画書を提出したときに、真っ先にバツをつけることで有名でした。

企画書の内容をほとんど吟味《ぎんみ》しないまま、とにかく「全然ダメだ」「やり直してこい」などと突き返してしまうのです。

部下の1人が、説明を求めて食い下がりました。

「どこがどうダメなのか、教えてください」

「**そんなのいちいち聞くな。お前が考えろ！**」

部下は、再び企画書を提出するのですが、同じ言葉をくり返されるばかりです。

「**まだわからないのか。前と一緒じゃないか**」

「自分なりに直したつもりですが」

「まったくダメだな。お前、本当に大学を出ているのか？」

こうしたやり取りは**典型的な勇気くじきの例**です。

もしかしたら、あなたの職場の上司に似ているかもしれませんね。

人間関係がうまくいかないとき、相手が勇気くじきをしているケースはたくさんあります。

実は、勇気くじきをしている人は、自分自身に勇気がない人、自信がない人です。

自分自身で困難を克服する活力がないので、他者を勇気づけすることもできず、他人を攻撃してしまうのです。

「攻撃的な人は、実は心のなかで恐れている人だ」

私は、ある本にこう書いてあるのを読み、とても納得したのを覚えています。

他人を攻撃する人、勇気くじきをする人は、弱い自分自身や他人を恐れています。

恐怖から自分を守ろうとして、攻撃的な態度に出てしまうのです。

そう考えると、**「勇気くじき」をしてくる人は恐れる相手ではない**、ということがわかることでしょう。

そんな人が何か言うたびに、いちいち言い返したり、争ったりするのが馬鹿馬鹿しくなってきます。

勇気くじきをしてくる人に出会ったら、その人の言葉に一喜一憂する前に、「この人は勇気がない人なんだ」と思ってみましょう。

それだけで、相手から影響を受けすぎたりすることがストップできるはずです。

「なぜなぜ攻撃」は嫌われるだけ

もしかしたら、「人間関係がうまくいっていない」と悩んでいる場合、あなた自身が「勇気くじき」をする人になっている場合があります。

そうした人は、他者の失敗に対して「なぜなぜ攻撃」をしている傾向があります。

たとえば、部下が仕事のミスで上司に怒られている、こんな場面を目にしたことはありませんか。


「私の不注意で、お客様への納品が1日遅れてしまいました」

「**なんで1日遅くなったんだ？**」

「申し訳ありません」

「申し訳ありませんじゃなくて、**なんでミスしたかを聞いているんだよ**」

「ええと、手帳に納品日を間違って記入していました」

「じゃあ、なんで間違って記入したの？　**なんで君だけミスが頻発するの？**」

「注意が足りませんでした。これから気をつけます」

「気をつけます、じゃなくて、**なんで根本的な原因を探そうとしないのかな？**」

「まったく……」


これをされた部下は、どうなるでしょうか。おそらく、何かをする意欲を削がれ、二度とチャレンジしようという気を起こさなくなるでしょう。

そうなると、部下は上司に対して、苦手意識を持つことになり、人間関係がぎすぎすし始めます。

そうして最終的には、上司と部下の間に、大きな溝が生まれてしまうのです。

第1章でもお伝えしたように、人間関係での失敗はチャレンジの証であり、私たちはそこから肯定的な価値をいくつも見つけ出すことができます。

ですから、**他者の失敗に直面したときにも、受け入れることが人間関係でお互いを勇気づけるスタートラインなのです。**

部下に限らず、周囲で失敗して落ち込んでいる人を見かけたときには、将来に対して建設的に行動できるような勇気づけを行いたいものです。

たとえば、あなたにもし部下がいるようならば、次のような言葉をかけるとどうでしょうか。

「今回は失敗だったけれど、あんな難しい仕事に挑戦したんだものね」

「君は失敗から何を学んだのかな」
「もう1回同じ目に遭ったら、どんな点に気をつけたらいいだろうか」

未来の目標に目を向け、失敗体験を生かしていくことがよい人間関係の第一歩になるのです。

人間関係をダメにする六つのNGワード

うまく自分と相手を勇気づけ、人間関係を建設的なものにするのが理想です。

しかし、私たちは、意外と間違った勇気づけの言葉、つまり勇気くじきの言葉を気づかないまま使ってしまうことで、人間関係をこじらせたり、信頼関係を損ねたりしてしまいがちです。

そこで、普段何気なく、次のような言葉を使っていないか、普段の言葉づかいをチェックしてみましょう。

①「**やればできる**」

少年野球で、あるチームのコーチが盛んにノックをしていました。

子どもたちは一生懸命練習するのですが、なかなか上達しません。

そんな状態で臨んだ試合で、相手チームの鋭い打球が内野の深い位置に飛んでいきます。

すると、三塁手の子が見事な逆シングルで捕球。素早く一塁に送球し、アウトにしたのです。

これを見たコーチは、三塁手にこんな声をかけました。

「お前、やればできるじゃないか」

信頼している人から「やればできる」と言われれば、「認められた」と思い、勇気づけになることもあります。

しかし、**信頼関係のない嫌な人から言われると「普段はやっていない」「本番のときだけ本気を出している」というニュアンスに響く**ので、勇気くじきの言葉になってしまいます。

②「頑張って」

私は、東日本大震災後に、東北の被災地を訪れ、いろいろな人に話を聞く機会を得ました。

そのとき、被災地の人たちが「頑張ってね」という言葉を言われるのが嫌だと語っていたのが印象的でした。

「みんなが激励してくれる気持ちはありがたいけど、帰り際に頑張ってくださいと言われるのはつらい」

「俺たちは今も頑張っているよ。これ以上どう頑張ったらいいんだ」

「もう頑張って、と言わないでほしい」

たとえば、大リーグで活躍するイチロー選手も「頑張ってください」と言われるのが好きではないらしく、自分では精一杯頑張っているのだから人から言われてもしらじらしく聞こえるのだそうです。

「頑張ったね」「頑張っているね」と、結果を認めて言葉をかけるのは勇気づけになりますが、**「頑張ってね」は命令形なので相手にプレッシャーを与えてしまいます。**

③「大丈夫」

慰めは褒めるよりも、根拠がないだけ罪深いでしょう。

私の義父が病を患《わずら》い、余命半年と宣告されたことがありました。うちひしがれた妻は、ある知人の女性にそのことを伝えました。

「父親があと半年しか生きられないって言われたのよ」

顔を曇《くも》らせている妻に向かって、彼女は明るい口調で答えました。

「大丈夫よ、岩井さん。お医者さんって最悪のことを言うんだから」

「そうなの？」

「そうよ。そんなに心配しなくても最新の医学はすごいんだから、大丈夫」

彼女が自信ありげに励ましてくれたので、妻も大丈夫かもしれないと思い直したそうです。

ところが、それから半年後、医師からの宣告どおり義父は帰らぬ人となってしまったのです。

妻の知り合いは、何の根拠もないまま、「大丈夫」と慰めていただけでした。

彼女には、妻の不安を和らげたいという思いがあったのでしょうが、根拠のない気休めは、やはり勇気づけとは異なります。

④「素晴らしい」

感激した結果、「素晴らしい！」という言葉が思わず出てしまうのはＯＫ。

しかし、何に対しても「素晴らしい」「すてき」を連発し、**安売りしていると、しだいにヨイショしているように聞こえてきます。**

つまり、徐々に信頼感が失われてしまうのです。

⑤「羨《うらや》ましい」

「お子さんが東大に現役合格したなんて、羨ましいですね」

「１カ月も海外旅行に行けるのですか。羨ましい」

こんな言葉をかけられて素直に喜ぶ人は多いのでしょうが、**実は「羨ましい」は祝福の言葉ではありません。**

「あなたが上で、私は下であることを認めました」という嫉妬の感情を含んでいるからです。

嫉妬から生まれた言葉は、勇気づけの言葉とはいえないのです。

⑥「**すみません**」

ある会議で、私が11人の参加者1人ひとりにお茶をいれたことがありました。そうしたら11人中8人は、お茶を出されても無言のまま。「あ、すみません」と口にしたのが2人。残りの1人だけが「ありがとうございます」と言いました。

私は、「ありがとう」という感謝の言葉に感激しました。

「すみません」は、あくまでも感謝の言葉ではなく、謝罪の言葉です。感謝を伝えたいときには、正しく感謝の言葉を口にすることが、勇気づけにつながります。

以上、代表的な「間違った勇気づけ」の言葉をご紹介してきました。

なかには、無意識のうちについつい使ってしまっている言葉があるはずです。

まずは、自分が普段口にしている言葉を意識してみましょう。

「私は、おばあちゃんに『頑張ってね』って言ってしまっていたな。もしかしたら、プレッシャーに感じていたかもしれない」

このように意識することで、言葉づかいを直すことは可能です。

自分のかけた言葉が相手にとって建設的かどうかをチェックしてみることも大切です。

苦手な相手を適当にあしらうために「すごいですね」「素晴らしいですね」などと連発していないでしょうか。

お互いの共通目標を意識すると、もっと別の建設的な言葉が出てくるかもしれません。

相手の気分に左右されすぎない

こうして、うまく人を勇気づけられる状態になったとしましょう。

しかし、そのような状態が、常に続くわけではありません。

勇気づけの「受信者」である相手の気分や状況は、いつも同じだとは限らないからです。

たとえば、あなたが誰かとデートの待ち合わせをしていたとしましょう。

相手は待ち合わせの場所に少し遅れてやってきました。

どうやら少し不機嫌な様子です。

すでにお話ししましたが、こんなとき私たちは「自分のせいで不機嫌なのかな」と不要な憶測をしがちです。

「ねえ、なんだか面白くないみたいだね」

「別に何でもないよ」

「ううん。やっぱり変だよ。何か私が悪いことをした？」

「何でもないって言っているじゃないか。どうしてそうやって絡んでくるの？」

「だって、とっても不機嫌な顔をしているから（やっぱり自分が悪いんだ……）」

このように、なにもデートの話だけではなく、**人間関係に苦しむ人は、相手の言葉や行為、気分、感情、悩み、問題、性格などの影響を受けすぎてしまっています。**

けれども、本当は、相手は仕事で徹夜続きだっただけかもしれません。そうでなくても、まったく別のことで機嫌を損ねていたのかもしれません。前に述べたように、相手の機嫌とあなたの問題とは無関係であることがほとんどなのです。自分とは無関係なのに、1人で悩んで苦しんでしまうのは非常にもったいないことです。

これからできる2人の「共同の課題」を見つける

真の人間関係を築くためには、まずしっかりと自分を肯定して、自分の課題と相手の課題を分離することが大切です。

「相手の気分、感情、行動は、私の責任ではない」

「相手には相手の都合があるんだ」

切り分けて発想するだけで、気分がずっとラクになるはずです。

そして、建設的な関係を作るために、共同の課題を見つけてみましょう。


先ほどのデートの例に戻って考えてみましょう。

相手の課題と自分の課題を切り離した上で、共同の課題を探していけばよいのです。


「ねえ、なんだか面白くないみたいだね」

「別に何でもないよ」

「ちょっと眠そうにしているから心配しているんだ」

「ゴメン。実は仕事で徹夜が続いていたから疲れているんだ」

「そうだったの。じゃあ、今日は遊園地に行くのはやめて、公園でゆっくり過ごそうよ」


疲れているのは過去に起こった相手の課題ですが、「これ以上疲れないように過ごす」というのは、これから実践できる2人の共同の課題となります。
協力して、共同の課題を解決しようとすることで、2人の関係も深まります。
「そんなに大変なら、何か手伝ってあげようか」と提案するのも、共同の課題と解決でしょう。

疲れているのは自分と無関係（課題の分離）だけれども、相手と気持ちのよい時間を過ごすためにどうすればいいか（共同の課題）を考える。

これを意識していけば、勇気づけを上手に使いこなし、人間関係をしなやかにできるでしょう。

第3章

人間関係をこじらせない「感情」のルール

どんな感情も「目的」から生まれる

人間関係にはどうしても感情の問題がつきまといます。

この章では、感情のうまいコントロール方法を、アドラー心理学から学んでいきましょう。

普段私たちが抱いている感情は大きく二つに分類されます。

「**陽性感情（プラスの感情）**」と「**陰性感情（マイナスの感情）**」の二つです。

さらに、この二つの感情にはそれぞれ、「現在」「過去」「未来」の三つの時間軸があります。

たとえば満足感というのは、今起きた出来事に対して湧き起こる現在の陽性感情といえます。

また、怒りというのは瞬間的なものですから、現在に対しての陰性感情です。

こう考えていくと、感情のほとんどは現在という時間軸に分類されます。

達成感や祝福感、ゆとり感、幸福感、充実感、親近感などが現在の陽性感情です。

現在に対する**陰性感情には恐怖、嫉妬、猜疑《さいぎ》心、いらだち、悲しみ、混乱、羞《しゅう》恥《ち》心**などが挙げられます。

一方、過去に対しての感情もあります。

過去に向けられる陽性感情は「懐かしさ」や「許し」です。

過去を振り返って、楽しかった出来事を懐かしんだり、恨んでいた人を許したりするのは、過去の陽性感情の働きです。

過去の陰性感情は「後悔」や「恨み」です。

私たちは「なんであのとき、こうしなかったのだろう」などと、過去を振り返って後悔します。

あるいは、親からかつて言われた言葉を恨む、というのも、過去に向かう感情です。

これとは逆に未来に向かう感情もあります。

安心感や期待は、未来の出来事を想像して生まれる陽性感情ですし、焦りや不安、心配は未来の陰性感情です。

ここで重要なのは、**過去に対しての恨みと許し、そして未来に対しての不安と期待は、それぞれコインの裏表**だということです。

ちょっとした条件や要素の変化によって、両者はめまぐるしく反転します。

また、時間の経過によっても感情は変化していきます。

たとえば、入学試験の結果を期待していたけど、失敗した直後に失望に変わるといった具合です。

これとは逆に、あまり期待せずに見た映画が面白くて満足感を覚えたような経験は誰もが持っているはずです。

私は研修で、参加者に「あなたはここ2〜3年の出来事を通じて、どのような感情を味わいましたか？」とチェックしてもらう機会を設けています。

そうすると、感情にはそれぞれ個人差があることがわかります。
人は、同じ出来事に接しても、同じ感情を抱くとは限りません。
また、現在中心の感情を持つ人もいれば、未来志向の人もいますし、過去志向の人もいます。

ただ、共通していえることとは、アドラー心理学では、感情には目的があると考える点です。

怒りも期待も不安も、何らかの目的に向けて使われるもの、とアドラーは考えたのです。

そして、さらに彼は、**感情はコントロールできると主張しています。**

なぜなら、感情が人を動かすのではなく、「人が感情を使う」という思想が根底にあるからです。

私たちは、感情を目的とTPOに応じて使い分けています。

決して、苦手意識や好き嫌いという感情に支配されているわけではありません。一見、自分ではどうしようもないと思いがちな感情も、必ず自らの意思でコントロールすることができるのです。

感情は自分でコントロールできる

では、どうすれば私たちは感情をコントロールできるようになるのでしょうか。

感情は、次のアプローチからコントロールすることが可能です。

一つめは、**思考によるコントロール**です。

たとえば、人が怒りの感情を持つときをイメージしてみましょう。

怒りには、相手を支配して思い通りに動かそうとする目的があります。

これは上司や部下の関係で怒る、怒られるときにありがちなパターンです。

2人の間に服従関係が固定していないときには、主導権争いのために怒りの感情を用いることがあります。

テレビドラマなどでも、相手から一方的に非難されていた人が、急に怒りを爆発させて主導権を握るようなシーンを目にすることがあります。

あるいは「こうあるべき」「こうでなければならない」という正義感から怒りを発揮することもあります。

テレビを見ていて、「この政治家は税金を無駄づかいするな！」などと怒っている人は、自分の正義感に反した行為に怒っているわけです。

しかし、**いずれの怒りも思考によって確実にコントロールできます。**

ここで、私自身の経験をお話ししましょう。

ある銀行のATMを使おうとしたときのことです。

機械は2台あり、利用者は1列に並んでATMが空くのを待っていました。10分ほど待ったころ、やっと私の順番が回ってきました。私がATMを使おうとしたところ、驚くべき事態が起きました。

横から入ってきた20歳くらいの青年が、いきなりATMを操作しようとしているではありませんか。

私は、激高して叫びました。

「なにやってるんだ！　みんな並んでいるだろうが！」

大人げない対応だったかもしれないですが、私は「列はきちんと並ぶべき」という正義感から怒りを露わにしたわけです。

でも、冷静に考えると私は感情をコントロールできたはずです。

仮に、列に横入りしてきた人物が、2メートル近い格闘家風の男だったらどうでしょう。

私はこんなに強い口調で相手に怒らなかったと思います。

つまり、一瞬のうちに感情を自分で選んでいるわけです。

逆に言えば、思考によって怒りという感情はコントロールできるのです（怒りのコントロールについては、詳しく後述します）。


二つめのコントロール法は、**行動によるコントロール**です。

最近私は、CDを作成するために録音するという仕事を経験しました。

本番当日には75分間も1人で話さなければならないので、前日は深夜までかかって原稿をまとめました。

「録音はちゃんとうまくいくだろうか」

「原稿は十分に足りているだろうか」

本番を迎えるまで、私は焦りの感情でいっぱいでした。

でも、録音を無事終えてから考えると、準備をギリギリまで後回しにしていたから焦ってしまったわけです。

もっと早めに行動して、数日前から原稿作成に着手していれば、そこまで焦らずに収録に臨むことができたはずです。

つまり、行動しだいで感情もコントロールできるということです。

人間関係がうまくいかないときの感情

あなたに苦手な人がいるとき、その**苦手意識の大きな要因の一つに「劣等感」があります。**

劣等感とは、怒りや不安、焦り、恨み、嫉妬、羨望《せんぼう》といったマイナスの感情を総称したものを指します。

では、なぜ人は劣等感を持ってしまうのか。

それは何かにつけて他人と比較をしてしまうからです。

「あの人は結婚して子どももいるのに、自分はまだ独身だ」

「彼は出世して活躍しているのに、私は不本意な部署に異動になってしまった」

このように他人と比較して、相手に競《せ》り負けていると思うからこそ、劣等感を抱きます。

特に自分よりも少しだけ優れていたり、恵まれていたりする人に対しては、強い劣等感が生まれがちです。

これを裏返してみると、**本当は相手と同じくらいの地位にいたいという自分の目標があるのに、現状はそうなっていないということでもあります。**

目標と現状のギャップに苦しんでしまっているのです。

「この人には負けたくない。でも、現状を見ると負けを認めざるを得ない」

または、「まともに勝負をするとみじめな思いをするだけ」。

こうした、負けを認めるのを回避しようとする感情が、「あの人は苦手だ」「どうしても好きになれない」という距離感となってあらわれてしまうのです。

劣等感は「かけがえのない友」

こう考えると、劣等感はよくない感情のようにとらえられるかもしれませんが、劣等感にもプラスの意味があります。


アドラー心理学では、劣等感を決して否定はしていません。

アドラーは、劣等感はかけがえのない友である、と見なしています。

これは、いったいどういうことでしょうか。

自分が相手に負けていると感じたとき、私たちは二つの方向を目指すことができます。

一つは、**相手と同じ領域で勝負すること**。

たとえば、自分より出世している友だちが羨ましいなら、追い越せるように努力すればいいのです。

もう一つは、**相手とは差別化した領域で頑張ることです**。

たとえば、職場での出世は望まないけど、ボランティアに精を出して、みんなに貢献する存在になる、ということも一つの道として考えられるでしょう。

つまり、**アドラーは劣等感は自分をより成長させるための、発奮材料にもなる点に着目しているのです**。

私は高校時代に、苦手な友人がいました。

彼は、いつも勉強をしていないそぶりをしていたのですが、テストをしてみると必ず私よりもよい成績を収めるのです。

勉強で彼にかなわない私は劣等感を感じ、距離を取って接していました。

でも、彼の存在は私の努力の源でもありました。

彼をライバル視し、彼には負けたくないという一心で勉強した私は、学部は違いましたが彼と同じ大学に進学することができたのです。

苦手な人がいるのも、他人に劣等感を持ってしまうのも、人として健全な心の働きです。

相手に劣等感を持ってしまったら、適当に距離を取りながら、心のなかでライバル視して自分を高めるのも一つの方法なのです。

仲良くなんてしなくていい

特に日本人に強い傾向なのですが、私たちは、苦手な人がいても、好きにならなければいけないと思いこんでしまうことがあります。

その感情の裏には、次の二つの心の動きがあります。

一つは、**同調圧力**です。

「みんなが彼と仲良く付き合っているのだから、自分も仲良くしなければいけない。自分だけ苦手意識を持っているのは何か自分に問題があるのではないか」

このように、みんなと同じでなければならないと考えてしまうわけです。

もう一つは、**承認欲求**です。

「みんなから好かれたい。誰からも嫌われたくない。1人でも苦手な人がいる状態が怖い」

というような、みんなから認められたいという強迫観念です。

いずれも、アドラー心理学からいうと、第2章で述べた「勇気をくじかれた人」にほかなりません。

アドラー心理学では、1人ひとりはユニークでかけがえのない存在であることを前提としています。

人はそれぞれ違って当然なのですから、みんなと同じにしようとするのは、そもそも無理があるのです。

あなたは、これまで生きてきたなかで出会ったすべての人と仲良しだったことがあったでしょうか。

進学しても、転校しても、就職しても、転職しても、必ず苦手な人がいたのではないでしょうか？

何度もくり返しますが、人には相性の法則があります。

自然に生きていても2割くらいの苦手な人がいます。

ですから、**すべての人を好きになる、という無謀ともいえるゴールを目指すのは、もうやめましょう。**

自分は人と違っていいんだと受け入れることです。

好きな人もいるけど、苦手な人もいる。

けれども、たとえ苦手な人とでも、仕事では仲間として協力できるのですから、苦手な人のままでいいのです。

さらに言えば、人から認められたいという思い込みも捨てましょう。

「フェイスブックで友だちが多くないと自分に価値がないように思える」

「『いいね！』をたくさんもらわないと安心できない」

そう思うあまり、必死になってSNS上で人とつながろうとしていませんか。

そんなことに貴重な1日の大半の時間を使って、むなしくなってしまったり、つらくなったりしていませんか。

みんなに好かれる努力をしてもキリがありませんし、そもそもみんなから好かれるなんて不可能です。

ですから、好かれる必要のある人にだけ好かれればいいのです。

本当に大切な友人には好かれたいと努力する、恋人には好かれたいと頑張る。それだけで十分なのです。

ギクシャクしたら「斜め横」から話す

特に仕事の人間関係では、嫌いだから、苦手だからうまくいかないという言い訳は通用しません。

相手が嫌いであっても、苦手であっても、チームの生産性を高めていく必要があります。

関係がギクシャクしている人には、あえて好きになろうと努力せず、そのまま付き合うというのも一つの知恵です。

苦手な相手と仕事をするときには、「協力する」姿勢で接しましょう。

「協力」という漢字を見ると、「力」を足して、より大きな一つの力になっているのがわかります。

人と協力をするためには、**①共通の目標、②貢献（参加）意欲、③コミュニケーション**の三つが必要です。

最低限のコミュニケーションを取りながらお互いに関わりつつ、共通の目標に向かって力を合わせて行動していくのです。

相手との関係がこじれていても、関わり方を工夫する方法はいくらでもあります。

ここで、ある会社の部長さんから相談を受けたときの例をご紹介しましょう。

彼女には複数の部下がいたのですが、そのうちの1人との関係がうまくいかず悩んでいました。

部下は仕事ではそれなりの成果を出すタイプだったのですが、実は部長である彼女の前で一生懸命になっているだけ。

彼女の目の届かないところでは明らかに手を抜いて仕事をしていたというのです。

彼女は、自分の評価だけを考えて行動する部下の扱いに困っているようでした。

いつしかその部下と接することも苦手になっていたといいます。

そこで私は、彼女に**複数人で部下と面接することを提案**しました。

1対1で面接すると、部下を責めているような雰囲気が生じてしまうので、上司2人、部下3人などの複数人で面接の機会を持ち、率直に話し合う場を作るのです。

こうすると、**部下の「認められたい」という欲求は分散されます。**

部長1人ではなくて、ほかの上司や同僚、後輩も自分の働きを評価していて、一緒に協力して仕事をしていく関係であると気づきます。

1対1で注意しても、部長が見ていないところで部下が再び手抜きをするのは目に見えています。

しかし、チームの力を借りることでみんなの力で共通の目標を達成するために働きかけることができるということです。

この方法を応用して、苦手な人がいるときには、接し方を少し変えてみるのもおすすめです。

たとえば、対面式に座ると、相手と対立するような雰囲気が生まれるので緊張して話しにくい——。

こんなときには、斜《なな》め横の位置に移動してみると、威圧感も薄れるのでラクになります。

逆に、**真正面に向かい合っているとき、人は相手の言葉に反論しやすいのです**

が、斜め横や真横に座ると反論しにくい心理が働きます。

あるいは、ホワイトボードや資料などに、議題を書き出しておき、それを見ながら話を進めるのも一つの方法です。

関係や環境を変えることで、相手が苦手であっても協力し合える関係を作ることができるのです。

話すことが見つからない不安は、心の準備サイン

苦手な同僚と一緒のプロジェクトに参加することに不安を感じる、あるいは初対面の人と会うことに不安を感じる……。

私たちは、人との関わりで不安に思う機会がたくさんあります。

こういった不安は、先述したように、これから起こる未来に対しての感情です。

もう少し詳しく定義すると、

「将来、直面する課題がありながら、課題自体が明確ではないことで（対処をし

なければならないと思いつつ）、十分な対処ができていないときに抱く感情」ということです。

たとえば、年齢差のある夫妻がこんな会話をかわすことがあります。

「ねえ、あなたは私より先に死んでしまうでしょ？」
「まあ、僕と君とでは10歳も差があるから、そうかもしれないね」
「あなたは相続対策をしていないけど、急に亡くなったときに、子どもたちが争いごとになったら大変じゃない？　私もそうなるのは嫌よ」
「そうかな。そんなことも考えなくちゃいけないかな」

つまり、夫は将来に対してあまり不安を感じていないのですが、妻は夫よりも不安を感じているのです。

でも、不安を持つことは決して悪いわけではありません。

不安という感情には、自分を守ったり、行動に駆り立てようとしたりする役割があります。

自分のために勉強をする、家族のために相続の準備をする、など、よりよく生きるために私たちは不安という感情を上手に使って生きているのです。

人間関係でも、ある人と話すのが気が重くなるという不安は、自分を守るためのサインかもしれません。

その人とうまく話ができるように、心が準備を必要としたのです。

そして、実際に「何を話そうか」「どう接すればいいのか」を考えることで、その人と気まずくならないように準備をしているのです。

不安は人間関係を育てる大事な養分

不安というのはきわめて人間的な感情です。

犬も猫も、不安を感じて生きているわけではありません。

だから、不安を持つことは高度な生き物である証です。

不安を持って準備をするというのは、むしろ、ほめられるべきことなのです。

ただし、過剰に不安を持ちすぎるのは考えものです。

余談ですが、『夢を実現する戦略ノート』（三笠書房）に、ジョン・C・マクスウェルというアメリカの牧師さんが、ミシガン大学で不安の合理性について研究した結果が引用されています。

それによると、**人間の不安のうち、60パーセントは根拠のない不安である**といいます。

20パーセントは過去のどうにもならないことへの不安、10パーセントはまったく影響力がない不安、5パーセントは漠然とした不安です。

そして、起こりうることの不安というのは、残りの5パーセントに過ぎないというのです。

不安が実現する可能性は、極めて低いと心に留めておきましょう。

その上で、人間関係で不安を持ったときには、これは上手に人と付き合うために必要な心の働きなんだと理解して、深刻に受け止めないことが肝心といえるのです。

アドラー心理学とは、そうした根拠のないものに負けず、確実な目標を持って未来へと足を進めるための心理学なのです。

恨む気持ちは第三者を通じてゆるめる

次に、苦手な人から受けた、過去の仕打ちへの「恨み」をピックアップしてみましょう。

恨みというのは、相対的な強者に復讐したいという感情です。

相対的な強者とは、子どもにとっての親、部下にとっての上司などを指します。

私は今まで、親に対して家庭内暴力をふるう子どもにたくさん接してきましたが、彼らには、共通して恨みの感情が強く認められました。

たとえばA君は、子どものころ、父親から虐待を受けていたのですが、高校生になり体力的に父親をしのぐようになると、積年の恨みが高じて、父親に暴力をふるようになりました。

恨みという感情は、いくら償われても満たされることはありません。

家庭内暴力を受けた子どもたちのなかには、親に土下座をしろと要求する人がいます。

親が非を認めて土下座をすると、今度はお金を要求します。そのお金を使い果たすと、また恨みの感情が出て、再び土下座と金銭を要求します。

彼らが異口同音に唱えるセリフというのが、

「こんなことでは償ったことにはならない」

でした。恨みには果てしがないのがわかることでしょう。

あなたは、上司や親などに恨みの感情を抱いていないでしょうか。

恨みの感情に振り回されていないでしょうか。

恨みの感情を持つと、勇気がくじかれ、相手との関係も悪化しているので、二者間で解決するのが難しくなります。

特に家庭内暴力などのケースでは第三者の関与が必要となります。

私がカウンセラーとして依頼を受けたときにも、あくまで第三者の立場から親子間の調整役としてお互いの利害を調整するようにしていました。

それでも親子間の関係が悪化して調整が難しい場合には、弁護士や警察が関わって法的に解決するしかありません。


先述したように、感情は自分でコントロールできるものですが、恨みの感情がどこまで復讐しても満たされないレベルにまで達してしまうと、自分自身ではどうしようもなくなります。

もし、あなたが相手を苦手とするきっかけが恨みだった場合、必ず上司以外の年長者やほかの家族を挟んで、コミュニケーションをとっていくことです。

第三者を調整役にすることで、苦手意識の改善を目指したほうがよいのです。

嫉妬を感じたら、相手との信頼を再点検

次は嫉妬心です。嫉妬心は、三者の関係から生まれる感情です。

嫉妬という感情を定義すると、

「他者によって身近な人、または自分の権利が失われるとき、疑いをもって他者、あるいは身近な人を排除するか、身近な人をつなぎとめるために使われる感情」

ということになります。

嫉妬と似た感情に羨望があります。羨望が嫉妬と異なるのは、羨望は二者関係で、自分も相手と同じようになりたいという気持ちもあるところです。

つまり、相手のプラスの要素を認めた上で羨望の目を向けているのです。

一番わかりやすいのが恋愛における嫉妬です。

ライバルに恋人を奪われそうになると思うだけで、頭のなかが疑惑であふれか

えってしまい、あまりにも激しい場合は、恋人が電話やメールをしているだけでも疑いの目で見るようになります。

そして、ライバルを排除して恋人をつなぎとめようとして嫉妬にかられた行動をとってしまうということです。『オセロ』『クロイツェル・ソナタ』など、嫉妬をテーマとした文学作品も古今東西、数多く発表されています。

アドラーの弟子のなかで一番優秀であった、ウォルター・ベラン・ウルフは嫉妬について次のように言及しています。

「嫉妬は、愛という木に巻きつき、枝を枯らし、根までだめにする毒性のツタのようなものだ。それが生い茂ると、愛と愛する人は殺され、愛の対象を奴隷にし、それによって愛は不成立となる。それが衰《おとろ》えると両者に不幸がもたらされる。**嫉妬はもっとも非人間的で、破壊的な感情の一つである。弱い人、臆病な人、無知の人の用いる道具であり、悲劇を招くだけで何の効果もない**」

そして、このように続けています。

「愛は対等な者同士にしか成立しない。嫉妬は、嫉妬にかられて見張られている人の価値を下げ、その人を卑《いや》しめるものだ」

そして、嫉妬の対応策についても触れています。

「嫉妬を感じたら、自分の安全基盤は揺らいでいないかを調べてみるのだ」

嫉妬の感情を乗り越えるには、相手と強固な信頼関係を作ることが不可欠です。

ですから、嫉妬を感じたら、自分は本当に相手のことを信頼しているのかを再確認してみましょう。

具体的には、はっきりと、自分の気持ちを伝える方法もあります。

「僕は○○という理由で、君に対して、ねたましい気持ちを持っているんだ」

「そうだったの？　それなら誤解よ」

「でも、彼とメールでやり取りをしていたんじゃないのか？」

「ほら、メールを読んでみてよ。仕事のことしか書いていないじゃないの」

このように信頼感を作り直すことで、嫉妬心を乗り越えることができるのです。

「怒ることで何がしたいのか？」を自問する

ここで怒りのコントロールについて、もう少し掘り下げていきましょう。

怒りの感情で自分を見失いそうになったら、怒りの元となる一次感情を探ってみましょう。

怒りというのは二次感情であり、そのベースには別の感情（一次感情）があります。

例を出してご説明しましょう。

結婚して半年になる、ある夫婦がいました。

夫は、独身時代からダイビングを趣味としており、結婚後も毎週のように海に遊びに行っていました。

妻は、海が苦手なので毎回留守番をしていたのですが、あるとき夫に食ってかかりました。

「あなた、毎週1人で遊びに出かけて、いったいどういうつもりなの？　これじゃあ結婚しても独身時代と同じじゃないの！」

この場合、**妻の怒りの背景には「独りぼっちで寂しい」という一次感情があります。**

大酒飲みの夫に怒りをぶつける妻も、「あなたの健康が心配」という一次感情を抱いているわけです。

ですから、あなたも怒りの感情が湧いてきたときには、一次感情を探してみましょう。

大切なのは、どうして怒りが湧いてきたのかを冷静に分析してみることです。

「寂しい」という一次感情に気づいたら、その感情を伝えてみるのも効果的です。

先の夫婦の例では、次のような言葉が考えられるでしょうか。

「実は、前からあなたに言おうと思っていたんだけれども、結婚して半年の間、土日になると、あなたは独身時代と変わらずダイビングに行ってしまう。その間、私はとっても寂しかったの。一緒に連れて行ってとは言わないけれども、もう少し私と一緒の時間を作ってくれないかな？」

これにより、怒りの感情をぶつけるよりも夫との関係を改善できる可能性は高まるはずです。

重要なのは、**怒りによって自分は何をしたかったのか**です。

「怒り」の目的を確認することで、それ以外のコミュニケーションでそれが達成できないかを考えることができます。

怒りに任せて相手と争うと、次第にエスカレートして収拾がつかなくなります。

時間も浪費しますし、裁判沙汰になればお金も失ってしまうでしょう。

しかし、争いという選択肢は、自分の意思で避けることもできるのです。

あなたは、**自分の意思で「共同の課題」を解決しようとする建設的対応をするか、そうではない感情に任せた非建設的な対応をするかを選ぶことができます。**

怒りの感情が湧き起こったときには、ぜひその事実を思い出すようにしてください。

許せないことは、過去の体験と比べる

人から言われた言葉に傷つき、どうしても忘れられない。時間が経っても、その言葉が忘れられずに苦しい思いをしている。

特に「苦手だな」と思ってしまっている相手からは、かつてそうされた経験があるものです。

私自身も、人間関係で気持ちが落ち込んでしまうことがあります。

そんなときには、お世話になった方や先人が遺《のこ》してくれた言葉を反復し、**今自分に何が一番重要なのかを思い出してみましょう。**

たとえば、私が思い浮かべるのは、イギリスの政治家であるチャーチルの言葉です。

「金を失うのは小さく、名誉を失うのは大きい。しかし、勇気を失うのはすべてを失うことである」

思い出すことは、なにもこうした偉人の言葉でなくてもいいのです。

これまで自分を支えてくれた人は誰なのか、本や映画は何か……など、原点に立ち返って確認すると、それらが自分の支えになってくれます。

私は、好きな言葉や仏教の教え、そして一番大切なアドラーの教えを振り返ることで、つらい感情を何度も乗り越えてきました。

普段から自分を支えてくれた人の言葉や、座右の銘などを手帳に書き留めておくのもよいでしょう。

落ち込んだときに手帳を開いて、大切な言葉と向き合う時間を作るのです。

ほかにも、過去の最悪の出来事と比べるという方法があります。

誰しも、過去最悪の事態に比べれば、それ以上ひどい事態には遭遇していないはずです。

今の自分は、過去最悪の出来事を乗り越えた人間です。

ということは、それ以下の出来事は確実に克服できるのです。

「今はつらいけれども、過去最大級の出来事に比べたらましなのだから、どうにか対処できるだろう」

と開き直るのも、困難な人間関係を乗り切る知恵ではないでしょうか。

孤独を感じたら、誰かに貢献できることを探す

周囲の人に自分の気持ちがわかってもらえないと、人は孤独感にさいなまれます。

孤独は、自分自身の安心感、所属感、信頼感の三つが欠如していくことに伴う、居場所のなさをあらわした感情であると定義できます。

孤独であることは、決して問題ではありません。**孤独であっても、孤立しているわけではない**からです。

孤立というのは一人きりで誰の助けもなく、他の人から遠く離れている状態を指します。

これに対して孤独とは、仲間がいながらも、一部の人との関係において居場所を失っているだけです。

孤独であっても、孤立していない限り、独りぼっちではありません。

必ず自分を認めてくれる人がいます。

そもそも孤独は、現在の所属を一時的に失っているだけで、過去も未来もずっと居場所が失われているわけではありません。

だから、孤独を必要以上に恐れなくてもよいのです。

孤独感を覚えたときには、相手に貢献することで居場所を作るところからはじめてみましょう。

私が会社員として勤務していた際、ある販売会社に出向した経験があるのですが、そのときに非常に孤独感を覚えたのを記憶しています。

まったく無関係だった人たちに囲まれ、私は宇宙人のような扱いを受けました。

みんなが私の一挙手一投足に注目しています。

「お手並み拝見」とばかりに、私の仕事ぶりを観察しているのです。

私は自分の居場所を作るために、まずはコツコツ仕事をして職場に貢献しようと心がけました。

小さな貢献を積み重ねることで、ようやく周囲に受け入れてもらえるようになったのです。

わかりやすいように、孤独な体験をうまく活用した人物の例を挙げてみましょう。

明治・大正期に活躍した作家・森鷗外は『小倉日記《こくらにっき》』という作品を残しています。

この小説は、鷗外自身が小倉に左遷されたときの体験を日記につづったものです。

『小倉日記』のなかで、鷗外は旺盛に文学の勉強をし、クラウゼヴィッツの『戦争論』を翻訳し、最大の友も得ています。

つまり、孤独な時間のなかで、さまざまな新しい世界と出会い、世界観を広げていったのです。

こうした事例も、孤独であることが一つのチャンスである、ということを示してくれているでしょう。

孤独もまた自分の居場所なのですから、そこで孤独を楽しんでしまうのも、人生の過ごし方といえるのです。

人を近づける笑顔の力

第2章でお話ししたように、アドラー心理学では笑いを重視しています。

笑うという感情には、人と人を近づける効果があります。

ですから、お互いに笑い合える友人と過ごす時間を積極的に作りたいものです。

私は、笑いの感情に浸る方法として、「お笑い」に接することをおすすめしています。テレビのお笑い番組を見るのもよいでしょうし、ＤＶＤやコメディー映画を見るのもよいでしょう。寄席や劇場でライブの笑いを体感するのも有意義です。

お腹の底から笑うと、笑いの感情が乗り移り、人が近づきやすくなります。

そして、
私は、うつ病のクライアントのカウンセリングを行うときには、必ず近所の書店でジョーク集を購入して読んでもらうようにお願いしていました。

「家族でも友人でもよいので、身近な人をジョークで笑わせてください。それがうまくいったら、次に私と会うときに、ジョークで笑わせてください」

と宿題を出していたのです。

実際にジョークの練習をしていると、深刻な悩みを抱えていられなくなります。

自分を俯瞰《ふかん》することで「なんで、こんなことで真剣に悩んでいたんだろう」と気づきます。

人間関係の苦しさもいつの間にか解消していきます。

落ち込みたいときは思いっきり落ち込む

どうしても気持ちが落ち込んでしまったときには、無理をして元気を装うのをやめて、落ち込む時間を作ってみるのも一つの方法です。

笑える状態にないときは、マイナスの感情にいったん浸りきってみましょう。無理にお笑い番組などを見ずに、悲しみの感情に同調するのです。

一度、愚痴ったり泣いたりする時間を作ることで、自然と別の感情に向かうことができるのです。

カウンセリングで、ある女性から不倫の悩みを相談されたときのことです。

彼女は職場の同僚と恋に落ちてしまい、道ならぬ関係になってしまったと言います。

「あなたは夫との関係修復を目指しますか。それとも夫と別れて、同僚の男性と恋をはぐくみますか」

そう尋ねると、彼女は、不倫関係は終わりにして夫とやり直したい、と答えました。

「それでは、修復するということですね」

「はい。でも、私は夫に対してとんでもないことをしてしまいました。罪悪感で夫と顔を合わせるのもつらいんです」

彼女の言葉を聞いたときに、私は彼女の罪悪感には目的があることに気づきました。

アドラーは**罪悪感には目的がある**と言っています。

その目的とは、**「私がこんなに自分を責めているんだから、あなたは私を責めないでほしい」という自己防御の目的**です。

しかし、私は罪悪感の目的を指摘はせず、次のように続けました。

「それでは、あなたが罪悪感と向き合う方法を教えます。家に帰って夜8時になったら、必ずチャイコフスキーの『悲愴《ひそう》』を聴いてください。45分ぐらいかかりますが、そのあいだ部屋の明かりは消してください」

「はい」

「その状態で、**自分はなんてひどい人間なんだ、もうどうしようもない、と落ち込むだけ落ち込んでください**」

「どのくらいの期間、それをやればいいのでしょうか」

「それでは、まずは2週間やってみてください」

彼女は私の助言を忠実に実践したようで、2週間後に再びカウンセリングに訪れました。彼女の表情は以前とは変わって落ち着いていました。どうやら効果が表れたようです。

「その後、どうです？」

「はい。1週間も続けたら、バカバカしくなってきました」

「そうですか」

「だって夫も、全然気にしていないし、自分だけが悲劇のヒロインになっていたのが、なんだかバカみたいに思えてきて」

彼女には罪悪感に浸りきる時間が必要でした。

罪悪感にさいなまれたときは、罪悪感に浸りきる。

そして、浸りきったあとに、別の感情へと飛躍していけばよいのです。

人がジャンプするときに、いったん全身をかがめるように、一度マイナスの感情に浸りきることも、次に進むための大切なステップの一つとなるのです。

後悔している過去と折り合いをつける

人間関係での過去の失敗を後悔しているとき、後悔するという感情は、現在の自分に対して何かしらのメッセージを発しています。

後悔が現在とどう結びつくのか、わかりやすくするために、私を例にしましょう。

私の息子は、ある大手企業に勤務し、日々いきいきと楽しそうに働いています。

それを見た私の心に、ふとある感情が芽生《めば》えてきました。

「もしかして私の就職活動は間違っていたかもしれない。あのとき、まともな就職活動をやらなかったから、不本意なメーカーに勤務することになったんだ……。あのとき就職活動に力を入れていれば、彼と同じような企業に入って楽しく仕事ができたんじゃないか」

思わず後悔をしかけた私でしたが、そこでまた思い直しました。
「でも、やっぱり大手企業に入社したら、今の自分はなかっただろうな。今の自分があるのは、中堅企業に入って、辞めざるを得ない立場になって、この道を選んだからなんだ。そう考えれば、自分の選択は決して間違っていなかったはずだ」
私は後悔という感情を通じて、結果的に息子の現在を祝福し、自分の人生も肯定することができました。

つまり、これが後悔という感情が発するメッセージです。

後悔するということは、自分の現在をどうとらえるかという宿題でもあるのです。

人間関係の失敗を後悔しているときも、過去にさかのぼって解決を図ろうとする必要はありません。

大切なのは、過去を顧《かえり》みて、現在と折り合いをつけることです。

「過去に、人間関係で失敗したことがあったけど、今は信頼できる友人もいるし、決して間違ってはいなかった。現在の人間関係に自分は満足している」

このように現在と折り合いをつけることで、つらい過去の体験も乗り越えて生きていくことができるのです。

第4章

人との距離を縮める
アドラー流
コミュニケーション

「わかってほしい」ではなく「わかってあげたい」へ

「苦手な人と上手に付き合うには、どのような言葉をかければよいのでしょうか」

私は、このような質問を受ける機会がしばしばあります。

多くの人は、相手との距離を縮めるための言葉づかいに頭を悩ませています。

私がある学校で非常勤講師を務めていたとき、女子学生のカウンセリングを行ったことがありました。

彼女もやはり、人付き合いに悩んでいました。

「苦手な人にはどんな話をすればいいでしょうか」

という彼女に、私はこう語りかけました。

「**話はしなくていいから、聞きなさい**」

「え？　聞くんですか」

「そうです。あなたは話すことばかり考えているから、苦手な人とも何か話さなければならないと思っている。そうすると、相手と接したときに身構えるようになるから、やり取りがぎこちなくなってしまうんですよ」

「そうだったんですね」

まずは、相手の話をどう聞くかを考えるのです。

自分が話すのは、相手の話をきちんと聞いて、同調してからです。

今、私は「聞く」という言葉を使ってお伝えしてきましたが、「きく」という言葉は「聞く」「聴く」「訊く」の三種類の漢字があてられます。

「聞く」は、耳で音を感じ取ることですから、ただ相手の話が耳に入っている状態です。

これに対して「聴く」という文字を漢和辞典で調べると、漢字の「四」に見える部分は、もともと「目」に由来しているのだそうです。

ですから、「聴く」には本来「観察しながら聴く」という意味が込められています。

そして「訊く」は、相手に根掘り葉掘り質問するということです。連続して訊き続けると、相手もうんざりしてしまいます。

上手な会話を交わすには、相手の言葉だけでなく、表情や身振り手振りをしっかり観察しながら聴く姿勢が重要であることがわかるでしょう。

これに対して、アドラー心理学から多大な影響を受けた人物、カーネギーも「人に好かれる6原則」のなかで、「聴き手にまわる」ということを挙げています。

アドラー心理学は「共同の課題」を見つけ、建設的な人間関係の構築を目指します。

そのためにも、まずは相手のことを知る「聴き上手」になることが重要になるでしょう。

相手の関心事を引き出す

人間関係は、共感と自己開示によって作られます。

自分が相手に共感することと、相手が自分をオープンにすること。

相手が自分に共感することと、自分自身をオープンにすること。

これらがバランスよく成立することでお互いの信頼関係が生まれます。

相手が自分をオープンにしていないのに、自分が一方的に共感を示して、次から次に質問をくり返していると、ただの詮索になってしまうので相手は不快になります。

逆に、**相手が自分に共感していないのに、一生懸命自分をオープンにしても、ただの自己顕示になってしまい、敬遠されるだけです。**

相手に何を聴いたらいいのかわからないという人は、素直に相手の関心事を聴くことからはじめましょう。

「最近の趣味は何ですか？」

「今、ハマっているものは何？」

「○○さんは、今どんなことに関心がありますか？」

このように共感を持って質問をすれば、嫌がる人はいないはずです。

私は研修の際に、必ず参加者の人間関係づくりを行っています。

具体的には、自己紹介する人が自分のことを話すのではなく、ほかの参加者が聴きたいことを尋ねる、という取材形式で参加者同士を知ってもらうというものです。

「趣味は何ですか？」

「旅行ですね」

「どんな旅行がお好きですか？」

「そうですね。私は東南アジアで美味しいモノを食べるのが大好きなんです」

「印象に残っている美味しいモノは何ですか？」

このように会話のキャッチボールをしていくと、大変盛り上がって参加者同士が非常に親密になります（答えたくない質問には「パス」と言うことができます）。

初対面の人に、一方的に話そうとすると何を話していいのかわかりません。

でも、聴くことを意識するだけで、人付き合いは格段に上手になれるのです。

自慢話は優越コンプレックスのせい

少し昔の話ですが、私がある講演会を行い、懇親会に参加したときのことです。

そのときの参加者たちと5～6人でテーブルを囲んだところ、そのうちの1人が突然みんなに資料を配り始めました。

それは自分のプロフィールや実績などが書かれた、いわゆる「自己紹介」の資料でした。

資料が一通り行き渡ったところで、なんと彼の講釈が始まってしまったのです。

「私は、実はジュンちゃんと友だちでしてね」

「ジュンちゃん？」

「そう。ジュンちゃんと友だち」

「ジュンちゃんって誰ですか？」

「ジュンちゃんといえば、小泉純一郎に決まっているじゃないですか」

当時は、小泉純一郎氏が内閣総理大臣を務めていたこともあり、「純ちゃんフィーバー」などという言葉が流行語になっていました。

「小泉とは慶應の経済学部で同期だったんですよ」

「はあ、そうですか」

「小泉は、二浪して慶應に入ったんだけど、僕は現役で入学したんです。だから彼のほうが年上なんです。おまけに、彼は留年もしたので、僕より後に卒業したんですよ」

ひとしきり小泉話が続いたところで、私はこんな質問を投げかけてみました。

「ところで、小泉さんとは、今も連絡を取っているんですか」

「いや、学生時代の付き合いだから、その後は連絡を取っていませんよ」

これには一同ひっくり返ってしまいました。

アドラー心理学では、彼のような自己顕示を「**優越コンプレックス**」という言葉で説明しています。

根底にある劣等感を解消するために、自分をできるだけ大きく見せようとする

行動に走ってしまうのです。

優越コンプレックスを持つ人は、三つのものを誇らしげに語る傾向があります。

①出自・家柄

出身家系や親族の有名人などを盛んにアピールするようなパターン。

②過去の能力

「私は中学時代に東大合格確実だといわれた」など、現に東大に入学できたわけでもない人が語っている場合が多いといえます。

③人脈

先ほどの例でもお話しした「○○と友だち」というパターン。ただパーティで会っただけの人などをさも自慢げに話そうとする人などです。

みなさん、いかがでしょうか。

これらを話してくる人は、積極的に仲良くしたいとは思えないタイプの人ではないでしょうか。

優越コンプレックスの人は、誰に対しても苦手意識を抱かせてしまうのです。

あなたの周りの人が、自慢話を始めたときには「この人は、劣等感から優越コンプレックスを発揮しているんだ」と理解しましょう。

それだけでも、うんざり感が少し軽減されます。

そして、あなた自身も自分の話をするときに優越コンプレックスの会話になっていないかチェックしてみてください。

自己顕示にならない会話を心がけるだけで、苦手だと思っていた人との関係がうまくいく可能性はあります。

自己イメージを変えるセルフトーク

「私は口下手で根暗だから、人付き合いなんて無理」と思っている人はいませんか。

私はこうした人に、アドラー心理学を学ぶことで感じた、セルフトークの重要性を説くようにしています。

セルフトークとは、自分が自分自身に対して言っている口癖のことです。

これによって、**アドラー心理学の基本である、「相手よりもまずは自分を変える」ことが実践できる**からです。

実は、私たちは日々たくさんのセルフトークを行っています。

では、セルフトークはどこからできあがるのかというと、最初は親や教師などの大人から盛んに言われた言葉です。

私自身は、2歳年長の兄から「不器用だ」「臆病」という二つの言葉を言われ続けて育ちました。

周囲の人から言われ続けた言葉は、次第に自分のなかで真実と化していきます。「不器用」という兄の言葉には、「(お前は)不器用」という主語があったはずなのですが、いつのまにか「(私は)不器用」と、主語が変化してしまうのです。

実際、臆病は克服したのですが、私は今でも不器用であることを認めています。

ここで気をつけていただきたいのが、**主語が変化してしまった言葉は、心のなかで何度もくり返される**、ということです。

「私はダメな人間」

「私は失敗しやすい」

「私は落ち着きがない」

すると、このセルフトークが自分のイメージを作り上げるようになります。

アドラー心理学では、これを「セルフコンセプト(自己概念)」と呼び、セルフトークの影響を受けて人は生きていると考えます。

たとえば、職場でミスを起こしやすい人のセルフコンセプトを探ってみると、明らかに「私は失敗しやすい」であることがわかります。

「私は失敗しやすい」というセルフトークをくり返している人は、往々にして肝心なときに失敗します。

そして、次のようにセルフトークを再確認するのです。

「ああ～、やっちゃった。私って、子どものころからそうなんだよな。親からも、すぐ失敗すると言われていたし……。だから、今日もやっぱり失敗したよな」

あなたも、こうした例に限らず、自らのセルフコンセプトを貶《おとし》めるようなことを、知らずしらずのうちに心のなかでつぶやいているかもしれません。

なんだか怖くなってきたでしょうか。

でも、安心してください。**セルフトークはネガティブなものばかりではありません。**

たとえば、先生から「君は努力家だ」と言われ続ければ、それが内言化して「私は努力家だ」とセルフコンセプトを作り上げることができます。

そして、実際に努力家として生きるために行動するようになるのです。

あなたも、自分自身で「こんなことをしているときは、自分らしい。好きだな」と感じる瞬間があるはずです。

どんな些細《ささい》なことでも構いません。

たとえば、あなたが人と話すことが好きだとしましょう。

ということは、あなたは普段から「私はコミュニケーションが得意だ」というセルフトークをくり返しているのです。

セルフトークはポジティブな意味でも、自分らしさの原点となります。

ここで代表的なプラスとマイナスのセルフトークをご紹介しましょう。

○プラスのセルフトーク

「もう自分を許してもいい」

「必要なものは備わっている」

「たまにはゆっくりしても構わない」

「自分は運に恵まれている」

「私には素晴らしい仲間がいる」

×マイナスのセルフトーク

「やはり歳には勝てない」

「どうせ嫌われ者だ」

「人の目が気になってしまう」

「誰も私の話を聞いてくれない」

「いつまでも一人なんだ」

私はすべてのセルフトークをプラスにしてください、などと言うつもりはありません。

全部プラスの言葉を使おうとすると、反動で精神的につらくなることがあるからです。

ときには愚痴が出ても、悪い口癖を言ってしまってもOKです。

マイナスのセルフトークに自分の心を占領されなければよいのです。


たとえば、仕事で何かのミスをして、「ああ、また怒られちゃったな」とつぶやいたとします。

こうした愚痴を言うこと自体は問題ではありませんが、ただし、そのあとは必ずプラスのセルフトークを行うようにしてみましょう。

「こんなこと、何度も体験済みじゃないか」

「私には応援してくれる人がいる」

と心のなかでつぶやけば、逆境を乗り越える力が湧いてくるものです。

マイナス→プラスの順序を意識して、最後はプラスのセルフトークで終える習慣を身につけましょう。

セルフトークは人間関係も変える

ギクシャクした人間関係を改善したいときにも、まずはセルフトークをプラスにしていきましょう。

嫌なことを言われたら、「いざとなったら私には相談できる人がいる」。

相手と比較してみじめな気分になったら、「人と比べたらキリがないじゃないか」。

自分を敵視する人がいたら、「必ずしもみんながそうとは限らない」。

苦手な人に囲まれていると感じたら、「苦手な人もいるけど、私には味方もいる」。

など と、プラスのセルフトークを心がければ、気がずっとラクになるはずです。

その上で、前にも述べたように、相手に感謝の言葉をかけていきましょう。

人間関係を変えるのは、なんといっても感謝の言葉です。

「私の見逃している点をご指摘いただいてありがとうございます」

苦手な相手から敵視されたときも、このように感謝の言葉を返せば、それ以上事態を悪化させることはありません。

むしろ、相手からプラスの反応を引き出せる可能性も高まります。

苦手な人とうまく付き合うために、普段から感謝の言葉集を作っておきましょう。

それを普段から使えるようにトレーニングしておくのです。

非難を受けたら、

「自分では気づきませんでした。ありがとうございます」

相手がいろいろ干渉してきたら、

「細かいところまでフォローしてくださってありがとうございます」

などと感謝の言葉をくり返していると、いつの間にか人間関係がうまく回っていくのです。

人間関係を悪化させる「比較三原則」

非難、批判、ダメ出し、恨み、嫉妬などから生まれる言葉は、相手の気持ちをくじき、人間関係を悪化させる元凶です。

勇気くじきの言葉に多く見られるものの一つが、「比較」です。

私は「比較三原則」という言葉で、比較のパターンを説明しています。

①過去との比較

「昔は、このくらいの仕事ができていたのに、どうして今はできないんだ」

「あのときはできたのに、今回はこの体たらくかよ」

などと、過去と比較して非難されると、私たちの勇気はくじかれてしまいます。

②他者の強みと本人の弱みの比較

「○○さんは簡単にできているのに、なんで君はできないのかな？」

「○○君のほうが、もっとちゃんと仕事をしているよ」

などと比較されると、嫌な気持ちになりますよね。

③理想との比較

「期待していたのに、全然できていないじゃないか」

「このくらいはできると思っていたのに、期待外れだね」

と言われると、気持ちもなえてしまいます。

外見の短所を指摘するのも、勇気くじきの代表例です。

かつて私の周りに、背が低い男性に対して、「おい、お前の家に、身長が伸びる機械を送っておいたぞ」、「いつまでたってもお前、チビだな」などと、いつもからかいの言葉をかけている人がいました。

私自身も、就職して初めて上司と顔を合わせたとき、

「顔色悪いな、君」

といきなり言われて、とたんに上司に苦手意識を持ってしまった経験があります。

勇気くじきの言葉には、**能力について言及するもの**もあります。

ある外資系企業では、リストラのターゲットになった社員に難しい英文和訳の仕事を与えていました。

なかなか和訳できないでいると、追い打ちの言葉が浴びせかけられます。

「おい、こんな簡単な仕事もできないのか？」

「お前、本当に大学を出てるのか？」

「こんなの中学生だってできるぞ。どうしてこんなに時間がかかっているんだ」

こんな言葉をかけられたら、誰だって仕事をするのがつらくなってしまいます。

勇気くじきの言葉はたった一言でも相手に大きなダメージを与え、一瞬にしてそれまでの信頼関係を失うきっかけとなります。
くれぐれも使わないように注意してください。

上手に自分の意見を主張する方法

こうした勇気くじきから逃れるためにも、また自分の気持ちを理解してもらうためにも、職場や家庭で、目の前の相手との関係を維持しながら、自分の主張を伝えなければいけないときがあります。

相手に主張を伝える場合には、以下の四つのものの言い方があります。

①主張的行動

相手の要求を満たしながら、自分の要求も受け入れてもらう行動です。
ビジネスではウィン・ウィンの関係などと言われる、理想的な展開でしょう。

②非主張的行動

相手の立場や要求を尊重して、自分の主張を抑える行動です。多少不本意であっても、ときには相手に従い要求を受け入れておいたほうがよいこともあります。

③攻撃的行動

相手を傷つけても自分の要求を押し通そうとする行動です。ここでは他者の利害や要求はないがしろにされます。

④復讐的行動

相手を傷つけた上で、自分の要求をあきらめる行動です。この行動を取ると、ウィン・ウィンの正反対であるルーズ・ルーズの結果をもたらします。

私の会社は、複数の会社からある類似の商品を仕入れていたのですが、そのなかのA社だけは商品の値段が高く、送料も自己負担しなければなりませんでした。

それでもA社の商品を必要としていた私は、試しに担当者と交渉することにしました。

「私は御社から毎回相当数の商品を購入しています。今後、もっと購入量を増やしますから、値引きをしていただけないでしょうか」

すると、先方はつっけんどんな調子で言い放ちました。

「それはできませんよ」

「いや、そこをなんとかお願いしたいんです」

「おたくだけ例外というわけにはいきません」

そのひと言に、つい、カーッとなってしまった私は、今にも次の言葉を発してしまいそうになりました。

「それならもういいです！　今後、一切御社の商品を買うことはありませんから！」

実際は、最後の言葉は飲み込んだものの、これは、相手を傷つけながら自分の要求もあきらめるわけですから、復讐的行動です。

一度でも復讐的行動をしてしまうと、相手との関係修復はほとんど困難なものになってしまいます。

復讐的行動は最悪の結末を迎えるのです。

このケースのように、物事を0か100かで考えてしまう人が少なくありません。

主張的行動が受け入れられないとわかったとたん、急に復讐的行動に転じて相手との関係そのものを絶ってしまうのです。

「もう二度と頼まないし、顔も見たくない」

「お前とはもう口をきかない」

「もう私は会社を辞めます」

あなたも、こういった捨てゼリフを過去に口にした経験があるかもしれません。

でも、**復讐的行動は、自滅的行動でもあります。**

たとえ一時的に快感を得られたとしても、長期的に見れば自分に得するところがないのです。

私たちは復讐的行動を、なんとしても避ける必要があります。

落としどころを探る「メイク・ベター・アプローチ」

人間関係において、何かを主張するときには、勝利か敗北か、というわけではありません。

また、全勝することがあり得ないように、全敗することもありえません。

ときには勝ちを譲り、引き分けでも良しとしながら、関係を維持していくのが人間らしい知恵の働かせ方ではないでしょうか。

ベストでもワーストでもない落としどころの探り方を、「メイク・ベター・アプローチ」といいます。

前述の私の例でいえば、「せめて送料だけでもサービスしていただけないでしょうか」と、やや譲歩した主張的行動で折り合いをつけることができました。

交渉事は苦手だという人は、「せめて〇〇だけ確保できればいい」「〇〇だけでも主張が認められればいいだろう」などと、**最低限の合格ラインを決めておくのもおすすめ**です。

苦手な人と緻密な交渉をすると、かえって神経をすり減らしてしまうだけ。

最初から譲歩の姿勢を見せて、

「せめてこれだけは約束してくださいね」

「〇〇と△△という二つの選択肢がありますが、どちらになさいますか」

と言ってしまえば、交渉のプロセスも省略できますし、気分もとてもラクになります。

そして、何事もコツコツとゴールを目指すように意識してみましょう。

目標を高く掲げるのはとても大切なことです。

けれども、それと同じくらい大切なのは、**「究極目標」「達成目標」「当面の目**

標」などと分割して、まずは当面の目標から一つひとつクリアしていくことです。

誰だっていきなり人間関係を劇的によくできるものではありません。苦手な相手であっても、無二の親友を目指さなくてもよいのです。まずは、協力して一つの仕事を成し遂げるところから歩んでいきましょう。最初は苦手な相手でも、付き合っていくうちにお互いのよさを認め合えることがあります。

実際、164ページでお話しした、入社早々私に対して「顔色が悪いな、君」と言い放った上司とは、その後、友人として今でも付き合っているのです。

断りにくい要求を受けたときの対処法

相手から、無理難題を言いつけられたとき、嫌な要求を受けたきには、「メイク・ベター・アプローチ」を思い出してください。

0か100かの発想で、相手の要求を全面的に拒否したり、受け入れたりするのではなく、一部だけを選択して受け入れるのです。

165〜166ページでご紹介した4つのものの言い方を、断り方に置き換えてみましょう。

①相手を傷つけずに断るのが、主張的な断り方
②相手を傷つけずに、相手の要求を受け入れるのが、非主張的な断り方
③相手を傷つけても断るのが、攻撃的な断り方
④相手を傷つけて、なおかつ最後には全面的に受け入れるのが、復讐的な断り方

もちろんワーストは復讐的な断り方です。

たとえば、あなたが知人から「高級万年筆を貸してほしい」と頼まれたときに、復讐的な断り方をするとこうなります。

「君の万年筆を貸してほしいんだけど」

「それは嫌だ。これは大事な親の形見なんだ。誰にも貸せないよ」

「そんなケチなことを言うなよ。ちょっとくらい、いいじゃないか」

「だからダメだって言っているじゃないか」

「せっかく頭を下げて頼んでいるのに、偉そうな態度を取って。だいたいお前は昔からケチな人間だったよな」

「もう一度言ってみろ」

「だから、ケチな人間だって言うんだよ」

「わかった。もういい。持っていきたければ持っていけばいいだろう。お前のことなんかもう知るか」

こんな復讐的な断り方はなんとしても避けたいものです。

主張的な断り方が難しい状況であれば、せめて非主張的な断り方をめざしましょう。

このケースで言えば、「1日だけ万年筆を貸す」「別の万年筆を貸す」などの選択肢が考えられます。

それでも、どうしても断りたいのなら、攻撃的な断り方という選択肢がありま す。理由を言わずに、キッパリと相手の要求を断るのです。

一度でも理由を言ってしまうと、その理由について次から次へと相手が譲歩を迫ってきます。

ですから、ただキッパリと断ります。

それでも、復讐的な断り方を選ぶよりはお互いのためなのです。

イラッとしたときには逆質問

人間関係の勝ち負けへのこだわりを捨てると、心にも余裕が生まれ、面倒な揉め事を回避できるようにもなります。

私が、ある専門学校からの派遣講師を務めていたとき、大学の教員を相手に研修を行う機会が何度かありました。

立場上は私が先生で彼らが生徒……なのですが、ここにいるプライドが高い人たちは、自分が優位にあることを何とかして示したかったようです。

ある人は、面と向かって「専門学校の講師が大学の教員を教えるんですか？」

とバカにした口調で言い放ちました。

また、別の人は、私が配ったプリントのちょっとした誤植を見つけると、赤字で訂正を大書し、わざわざ休憩中に私の机に置くという行動を取りました。

明らかに私を見下した態度を取ってきたのです。

そしてある人は、ついに講義中に私に食ってかかってきました。

「岩井先生、質問があります。○○という本を読んだことがありますか？」

言外に、「私は読んでいるけど、当然このくらいの本は読んでいるのでしょうね？」という挑戦的な意図がうかがえる口調でした。

私は、彼と勝ち負けを競っても仕方がないと考え、逆に質問を返しました。

「ああ、そういう本があるのですね。どんな本か教えていただけますか？」

すると、彼は我が意を得たりとばかりに、とうとうと持論を展開しはじめました。

要するに、自分に知識があるところをひけらかしたかっただけなのです。

ひとしきり彼の講釈に耳を傾けたところで、私はお礼を述べて会話を打ち切りました。

「ありがとうございました。勉強になりました」

「このくらいだったら、またいつでも説明できますよ」

私はつまらない主導権争いに巻き込まれなかったことに安堵しました。


相手から挑発的な質問を受けたときには、落ち着いてまず確認をしましょう。

「○○さんの質問は、こういうことなんですね。○○さんご自身はどう思っていらっしゃいますか？」

すると、たいていのケースで相手は持論を展開します。このタイプの人には、もともと言いたかったことがあるのです。

ですから、**あえて挑発に乗ったり、議論をしたりしないで、相手に話をさせてしまえばよいのです。**

その話を真に受ける必要もありません。

そして、最後にお礼の一言を付け加えれば、その場が丸く収まります。

注意も「目的」をハッキリさせる

会社の後輩を指導するときや友人に対して注意するときなど、人に対して厳しい言葉を投げかけなければならないときがあります。

すでにお伝えしているように、アドラー心理学では「目的」を重視します。

私は注意を与える目的を、次のように設定しています。

①相手の不適切な習慣や行動を改めさせる
②相手を一段上のレベルに成長させる
③やる気がない人にやる気を起こさせる

人に注意を与えようとするときには、まずこの目的を意識してください。

そして、実際に注意するときには以下のポイントに気をつけるとさらによいでしょう。

●1対1で注意する

みんながいる場所で注意すると相手の人格までもおとしめてしまいます。大切なのは、あくまでも行動を改めてもらうことです。

ですから、1対1のシチュエーションで相手に注意するのがよいでしょう。

●ある特定の部分に対してだけ、理性的に注意する

全体として相手のよい部分を認めた上で、部分的な問題点を注意します。

「いつも、まじめに仕事に取り組んでいる姿勢は頼もしいと思っているよ。ただし、この部分については、もっとこうするとよくなると思うんだ」

と、理性的に注意するのです。

●相手の意図を重視する

たとえば、部下から突然「今日は有給休暇を取りたい」との連絡があったというメモを目にしたとします。

上司であるあなたは、「そんなこと昨日は言ってなかったじゃないか」と憤《いきどお》る

かもしれません。

でも、いきなり怒りの言葉を投げつけると、相手の姿勢も頑なものになるだけです。

まずは、相手の意図を確認しましょう。

「どうして急に休みを取らなければならないのか、教えてくれるかな?」

と質問をすれば、

「実は、昨夜知人に不幸がありまして……」

などと、やむを得ない事情が判明するかもしれません。

●行為面にとどめ、人格面に及ばない

「お前のルーズな性格が問題だ」

と言うのは人格攻撃です。あくまでも行為だけに注目して注意をしていきます。

「今度は、こういう行動を心がけてほしい」

と言えば、相手も素直に聞き入れてくれるでしょう。

たとえ子どもだろうと尊敬の念を

アドラーがある家庭を訪問したときのエピソードです。

アドラーたちは、その日、いったん外で食事をしてから、再び家に戻ってくることになっていました。

留守番役をすることになった子どもが「バイバイ」と言って彼らを見送りました。

出かけようとする母親は、子どもに向かって言い聞かせました。

「お母さんは今から食事に行くけれども、ちゃんと片付けるのよ」

食事を終えたアドラーたちが家に戻ってきました。

部屋に入ってみると、遊んだおもちゃが辺り一面に散らかっていました。

母親は今にも怒りを爆発させそうにしています。

それを見たアドラーが子どもに向かって言いました。

「坊や、上手に散らかしたね。今度は上手に片付けられるかな」

すると、散らかっていたおもちゃは、瞬《またた》く間《ま》に片付いたそうです。

子どもに対する尊敬、信頼を持っていたアドラーには、このようなエピソードがたくさん残っています。

子どもを一方的に叱りつけても、自分の言うことは聞き入れてもらえません。

子どもに対して、まるで尊敬する友人のように振る舞うならば、子どもはあなたの言うことを素直に聞くようになります。

相手がたとえ子どもであっても、礼節に満ちた対応が肝心です。**人間に役割の違いはありますが、人間性に上下はありません。**

これは大人でも同じことがいえます。

もし、あなたが部下や後輩を持つ立場であるならば、上下関係を意識せず、尊敬の念を持ってみるといいでしょう。

自分と相手の権利は常に平等

アドラーは仲間の人間に関心を持つこと、全体の一部になること、人類の福利にできるだけ貢献することを重視しました。

これは「**共同体感覚**」というアドラー心理学の最重要コンセプトにも表れています。

アドラー心理学の影響を受けた研究者たちは、権利と責任というものを追究してきました。

権利と責任は裏表の関係にあり、同じ価値を持っています。

あなたが苦手な人と付き合いたくないという権利を主張したときには、あなたには相手の権利を認める責任が生じます。

相手の権利を認める以上、あなたはいつも好きな人とだけ付き合うことはできなくなります。

そもそも、**人間関係を好き勝手に選択し続けることは不可能なのです。**

あなたに人として生きる権利があるなら、あなたには相手を人として生かす責任があります。

あなたに仲間に入れてもらう権利があるなら、あなたには相手を仲間に入れる責任があります。

あなたに1人にしてもらう権利があるなら、あなたには相手が1人でいたいのを受け入れる責任があります。

あなたに幸せになる権利があるなら、あなたには相手が幸せになることを尊重する責任があります。

あなたが人付き合いをよいものにしようと考えたとき、一方的に権利を主張していないかを振りかえってみましょう。

人付き合いとは、常に相手に責任を負うことでもあるのを忘れないようにしたいですね。

第5章

習慣づけが、人間関係を大きく変えていく

今の習慣に特別な意味はない

これまでは、人間関係を改善していくための様々な心構えや実践方法を語ってきました。

最終章となる本章では、それらを自分のなかに定着させる「習慣づけ」をテーマに語っていきたいと思います。

ある結婚したばかりの妻が、朝食にハムエッグを作りました。

食卓に置かれたハムエッグの皿を見た夫が、言いました。

「ちょっと、このハムエッグ、変じゃないか？」

「え、どこが変なの？」

丸いお皿にのったハムエッグは四角い形をしています。

よくよく見ると、丁寧に四方がカットされて四角くされていたのです。

これまでハムエッグといえば、丸い目玉焼きが当たり前だった夫にとっては、なぜわざわざハムエッグを四角くカットするのか理解できません。

「なんでハムエッグを四角く切っているんだ？」

「だってうちの母親が作っていたハムエッグは四角かったから……」

不思議に思った夫は、妻の実家に帰省したときに、義母に疑問をぶつけてみることにしました。

「お義母《かあ》さん、どうしてハムエッグをわざわざ四角く切るんですか？」

「切る？」

「そう。切ってハムエッグを四角くする理由がわからないんです」

「……？　ああ、そうだ！　うちではたまたま四角いフライパンでハムエッグを作っていたから、四角いハムエッグができていたのよ」

そうです。妻は幼少期から四角いフライパンで作られたハムエッグを食べ続けてきたので、ハムエッグといえば四角いものだと思い込んでいたのです。

だから、丸いフライパンでハムエッグを作ったときにも、わざわざ四角くカットしていたというわけなのです。

妻が親の影響でハムエッグを四角だと思い込んで四角く作る、というのは一種の習慣です。

しかし、この習慣に特別な意味はなく、たまたま母親が作っていた四角いハムエッグを受け継いだというだけにすぎません。

習慣は、今この瞬間から変えられる

この話と同じようなことは、私たちにもたくさんあります。

たとえば、食事をするとき、好きなものから食べて苦手なものを後にする人もいれば、苦手なものを先に食べて好物を後にとっておく人もいます。

私自身は、親のしつけによって、子どものころから食べ残しは絶対にいけないと教えられてきました。

そのため、ご飯を一粒でも残すと軽い罪悪感を覚えるようになりました。

これらは、何かの理由でいつの間にか作られた習慣を維持しているだけです。

習慣は、パターン化した思考、感情に基づく行動であると一般に定義されます。

心理学では、思考、感情、行動特性を総称して「性格（キャラクター）」と呼んでおり、いったん形成されたら変わりにくいものとしています。

しかし**アドラーは、思考や感情、行動といったものは性格ではなく、あくまでスタイルにすぎないとし、「ライフスタイル」と呼びました。**

このライフスタイルに基づいて、習慣は形成されているのです。

S・M・ロスという人が、「何歳くらいになったら、性格を変えるのには手遅れなのか」と、アドラーに尋ねたとき、彼はこう答えました。

「**死ぬ1、2日前かな**」

作るハムエッグの形を変えることなんて、本当に簡単なことです。

それと同じように、その気になれば、私たちは今からでも、習慣を自分の努力で変えられると可能性を示したのです。

今の行動を「自覚的に、不器用に」変える

では、習慣を変えるにはいったい何が必要なのでしょうか。

習慣を変えるということは、「無自覚的に、器用に」パターン化している現状の行動を、「自覚的に、不器用に」脱していくということです。

具体的に、私自身の例を用いてお話ししましょう。

私は、子どもが小さかったとき、自分の食事のほかに子どもの食べ残しを食べ続けた結果、体重が78キロまで増えてしまいました。

高校時代からずっと64キロ前後を維持してきましたから、15キロ近くも太ってしまったことになります。

私の体を考えると、メタボリックシンドロームと診断されてもおかしくないくらいの健康状態です。

あるとき私は、お腹まわりについた脂肪を見ながら思いました。

「もともとはスリムだったはずなのに、なんで太ってしまったんだろう」

時期的に考えると、結婚して子どもを授かってから太ったのは明らかです。

なぜ、子どもができて太ったのかというと、子どもの食べ残しを口にしていたから。

では、なぜ子どもの食べ残しを口にしていたのかというと、自分が親から受けた教育（食べ物は絶対に残してはいけない）を忠実に守っていたからだということに気づきました。

私は両親の影響によって作られた習慣がもとで太った、ということがわかったのです。

そこで私は、現状の行動を変えようと決意しました。

それ以降、食べ残しを目の前にしたときには、「太るか捨てるか、どちらを選びますか？」という選択肢を思い出すようにしました。

太りたければ食べる、やせたければ食べない。単純な問題です。

私が子どもの残した物を食べるのをやめれば、やせるのはわかりきっています。

ただ、これまで培《つちか》った習慣があるので、食べ物を残すことには罪悪感もありますし、不快感、違和感もあります。

ですから、**行動を変えるときには、ぎこちなくて不器用に感じる時期があります。**

違和感はしばらく続きますが、やがてそれも薄れてきて、残り物は食べないという行動が新しい習慣と化してきます。

私はアドラーの言葉を信じて実行し、高校時代のスリムな体型を取り戻すことができました。そして、その体型を今現在もキープしています。

私たちが習慣を変えようとすると、必ず「イエス・バット」の法則が働きます。新しい習慣を目標にしたときに、「だけど、親が言っていたし……」「だけど、食べ物を残すのは作った人に申し訳ないし……」などと、変化を抑止しようとする葛藤が生じるのです。

大切なのは、**「イエス・バット」ではなく「イエス・アンド」の発想を持つこ**

とです。

「だけど」を「だから」という言葉に変えて、「やせたい。だから、食べない」などと意識するということです。

もちろん最初は、うまくいかないと感じる時期があるでしょう。

それでも継続していると、必ず「できている」と自分で気づく瞬間が訪れます。

習慣を作ったのは、自分自身です。

だから、習慣を変えることができるのも自分です。

アドラーは、**「人間は自分自身の人生を描く画家である」**という言葉を残しました。

アドラー心理学の魅力は、すべての行動を環境のせいにせず、自分の意思しだいで変えられるとするところです。

人間関係も習慣によって作られますから、やはり変えることは可能です。

これはアドラーが教えてくれた心理学の知恵なのです。

「いい人」にならない習慣づけ

私のあるクライアントは、人から頼まれるとどうしても断れないという悩みを抱えていました。

仕事でも、細かい雑用から大きな仕事まで、言われるままに引き受けた結果、毎日遅くまで残業をする生活が習慣化してしまいました。

ときには、週末に上司の買い物にまで付き合わされたこともあったそうです。

彼女の話を詳しく聞いていくと、子どものころから両親に「人には親切にしなさい」「できるだけのことをしてさしあげなさい」と言われて育ってきたことがわかりました。

彼女の心の根底には、常に人を喜ばせたいという気持ちがあったのです。

両親の教育が間違っているわけではありませんし、人を喜ばせたいという彼女の性格も本来は素晴らしいものではあります。

ただし、人への親切が過剰になると、「ノー」と言えなくなって、どんどん自分を苦しめてしまうことになります。

そうして、人を喜ばせる代わりに、自分はつらい思いをしている人が、世の中にはたくさんいます。

私は彼女に言いました。

「あなたは、ほかの人から見たら便利屋さんですよ」

「便利屋？」

「そう。**非常に便利な人だけど、尊敬される人ではありません。**みんなはあなたに頼みやすいからいろいろと頼んでくるだけで、尊厳を認めているわけではないんですよ」

「そうなんですね」

「あなたは、これからもそういう生き方を続けていいんですか？」

いい人を続けていくと、自分がつらくなり、しだいに周りの人も嫌な人に思えてきます。

「自分はこんなに尽くしているのに、相手はなんで大して感謝をしてくれないいんだ？」

そうやって、**いい人を続けた結果、人間関係がうまくいかなくなることが非常に多いのです。**

大切なのは、間違った行動を起こしそうな瞬間をとらえることです。

相手に便利に使われそうな瞬間に、「あ、ごめんなさい。ちょっとできません」と口にする勇気を持つことです。

これは他の習慣でも同じです。

「やせようと思っているのに、つい間食してしまう」

「早起きしようと思っているのに、つい二度寝してしまう」

など、元の習慣に戻ってしまいそうなときは、戻りそうな瞬間をとらえてみましょう。

「二度寝しそうな瞬間」に、パッと意識して体を起こしてしまう、布団をはぎ取ってしまうなどの演出を加えると、元の習慣に戻りにくくなります。

瞬間をとらえて、行動を変えるには、1日の始めに決断してしまうことが肝心

です。

たとえば、第2章でお伝えしたように、朝起きたときに「今日は、いい人をやめよう。理不尽な頼みごとはキッパリ断ろう」などと決断すればよいのです。

朝は、これからの人生最初の日が始まる時間です。

ここで、自分がどう生きるのかを決心すれば、その通りに生きることができるようになります。

そして、1日の終わりを迎えた夜には、自分がその日にできたことを祝福します。

「今日は、テーマを持ってチャレンジすることができた。○○さんからの無茶な頼みも断ることができた」

毎日、このような決断と祝福の習慣を持つと、行動が自然と変わってくるに違いありません。

苦手な人と会う前には予備調査

人間関係がうまくいかない理由の一つに、相手と対面したときの「ズレ」や「違和感」というものがあります。

特に何か余計なことを口にしたわけではないのに、相手に敬遠されてしまうのは、この「ズレ」や「違和感」のせいかもしれません。

アドラーは、「相手の目で見、相手の耳で聞き、相手の心で感じる」ことを大切にしていました。

相手と一体化する、共感するというのは、苦手な人と思われない、人間関係をよくする第一歩となるということです。

そこで苦手な人、ちょっと近寄りがたい人と会う前には、予備調査をしておくのをおすすめします。

予備調査の重要性を教えてくれる、こんな歴史的なエピソードがあります。

日中国交回復を目指して、田中角栄総理大臣と大平正芳外務大臣（いずれも当時）が、中国に赴いたときのこと。

中国の首脳部と激論を交わして田中総理がホテルに帰ってみると、テーブルの上に、パンがおいてあるのを見つけました。

よくみると、中国のパンではなく、なんと銀座の木村屋のあんパンではありませんか。木村屋のあんパンは、田中総理の大の好物です。

これを見たとき、彼は「これは参った」と思ったそうです。

つまり、事前に中国は日本側のことを、田中角栄の好物に至るまで調べ尽くした上で交渉に臨んでいたのです。

相手が苦手な人であっても、ある程度の予備調査は可能です。

趣味、家族構成、出身地、好物……。それを知っておくだけで、会話のきっかけを作ることができます。

共通の話題で盛り上がるとお互いに信頼関係が生まれます。

相手に興味がある話題を振るときにも、いきなり「趣味はなんですか？」と聞くよりも、「海外のサッカーがお好きだそうですね。先日もケーブルTVで観戦をされたそうで」と話しかけたほうが、相手の気分も乗りやすくなります。

昨今は、フェイスブックなどのSNSを通じて予備知識を入手することもできますから、活用しない手はありません。

相手のことを苦手だと思えば思うほど、相手を知ろうとする努力を怠りがちになります。

しかし、**予備知識なしで話をはじめると、話にゆとりがなくなって余計に緊張感が高まってしまいます。**

共感できる会話に必要なのは、適度なウォーミングアップです。

スポーツ選手がいきなりプレーをしないのと同じように、会話でも、雑談をしながら徐々に関係をあたためていくのがベストです。

私自身も、人と会う前の予備調査を意識して行うようにしています。

そして人と会って名刺をいただいた際には、できるだけその人の情報を名刺の裏に書き留めるように心がけています。

社会人になって最初の上司に苦手意識を持っていたことはすでにお話ししましたが、その後、上司のことを知るにつれて苦手意識は解消されていきました。

「あ、今日は奥さまのお誕生日ですね」

「え？　なんだ岩井君、そんなことを知っているのか」

などと驚かれたのは、今ではよい思い出となっています。

苦手な人にも、予備調査を活用したコミュニケーションを取るだけで、親近感を持ってもらえるようになるのです。

日記で自分の人間関係パターンを把握する

自分の人間関係のパターンを知るために有効なのが、日記をつけることです。フォーマットに決まりはありませんが、私は1日1枚ずつ書くのをおすすめしています。

記入する内容は、日付のほかに二種類あります。一つは「**感情的になってし**

まった出来事」です。

そしてもう一つは、**「できたこと」**。

それぞれに対して、「自分の対応」「相手の対応」も忘れずに書き込んでおきましょう。

どれも1行ずつでよいので、具体的なエピソードを書くのがポイントです。

日記を書き続けていくと、あとで読み返したときに自分のパターンが見えてきます。

また、人間関係のどこに問題があるのかもわかるはずです。

ただし、ここで気をつけたいのは反省をしすぎないことです。

反省をすると、どうしても気分が落ち込んでしまうので、それよりも「できたこと」にフォーカスして、自分を積極的に褒めるのです。

第2章では、他人を褒めることは操作につながる問題があるとお伝えしました。

しかし、**自分を褒めて操作する分には何の問題もありません。**

もっと自分を褒めてもいいくらいです。

「すごいな、できたな、やったな」と。

自分を正しく褒めるようになると、自己賞賛能力が身につくので、他人からの賞賛をあてにしなくなります。

さらに自分を勇気づける能力を持てば、他者にも勇気づけができるようになります。

日記をつけるにあたって大切なのは、なんといっても書き続けることです。

たとえば、感情的になった出来事については、どうしても見つからない日があるかもしれません。

そんなときに書かないでいると、日記を書く習慣がとだえてしまうので、**「できたこと」だけでもとにかく書くように心がけましょう。**

私自身、中学生のころから日記を書き続けていましたし、企業に勤務していたときには「マイ・パフォーマンス」と題して自分のできたこと、やったことを記録していました。

それを読んで自分を鼓舞し、賞賛していたのです。
そして、現在は毎朝ブログを書いています。
書き続けると自分の成長記録もわかりますし、充実感も得られます。
毎朝の歯磨きと同じで、数分でもいいので習慣づけるようにしてみてください。

仲がいいように振る舞うだけでもいい

アドラーは数々の示唆に富む言葉を残しましたが、私が最も好きな言葉の一つをご紹介します。

「誰かから始めなければならない。ほかの人が協力的でないとしても、それはあなたには関係ない。私の助言はこうだ。**あなたから始めるべきだ。ほかの人が協力的であるかどうかなど考えることなく**」

相手が変わるのを待っていても、いつまでも苦しい思いをするだけです。

人間関係を変えるには、自分から始めなければなりません。

目標のもとで人が生きているとするアドラー心理学では、他者に苦手意識を持っている人は、**「自分からあえて苦手になろうとして苦手になっている」**と考えます。

これは、逆に言えば、**「自分が相手との関係をよくしようと思えば、よくできる」**ということを教えてくれます。


私は、夫婦関係がこじれてしまったカップルからご相談をいただくことがしばしばあります。

2人きりではほとんど言葉を交わさない、言葉を交わすときにはほとんどケンカばかりしている、子どもも家に寄りつかなくなり家庭崩壊寸前……。

そんな夫婦に向かって私は、こうアドバイスします。

「今は仲が悪くても、結婚当初は仲がよかったですよね」

「はい」

「そのときは、どんな感じでしたか？」

「2人で旅行に出かけたりした楽しい思い出があります」

「でしたら、そのときを思い出して、同じような言葉づかい、振る舞いをしてみてください。まるで仲のいい夫婦であるかのように話しかけ、仲のいい夫婦であるかのように食事をし、仲のいい夫婦であるかのように会話をするんです」

「そう言われても……」

「でも、あなたたちはそれを当時はやっていたんですよ。**すでにやっていたことなんだから、できないことはないでしょう？**」


実際に、仲のいい夫婦として振る舞ってみると、「あのときこうだったな」「こんなふうだったな」と、仲がよかった当時のイメージが湧いてきます。

言葉とイメージと行動は連動していますから、仲のいい言葉づかいは、仲のいいイメージを引き起こし、仲のいい行動を呼び覚まします。

「自分だけが苦手な人」を認めるコツ

ある女性会社員が、職場の上司を苦手にしていました。

上司はよくいえば豪胆な性格であり、悪くいえば酒癖が悪く、ときどきセクハラまがいの発言をするので、どうにも好きになれなかったのです。

上司はときどき部下と連れ立って飲み会に行くことがありましたが、彼女は断るのが常でした。

ただ、男性の同僚社員は、上司を慕っているようです。

そんなこともあってか、彼女1人がチーム内で孤立するような雰囲気が生まれてしまいました。

たしかに上司は仕事ができるタイプであり、社内では高い評価を受けています。

実際に上司が指導した部下は、能力を開花させ、重要なプロジェクトを任されるようになっています。

社内では「いい上司」で通っている人物なのですが、それでも彼女は受け入れることができません。

もしかしたら、あなたの上司もそんなタイプかもしれません。

もし、職場で「自分だけが苦手な人」がいたら、次の二つを実行してみてほしいのです。

①自分の価値観は絶対的でないと認める

どんなに自分が相手を嫌っていたとしても、その相手を尊敬する人はいます。

まずはその事実を認めることです。

相手を無理に好きになろうとしなくてよいのです。

ただ、「嫌っているのは私だけであって、みんなではない」と認めるだけです。

そうすると、自分の価値観を守りつつも、それを絶対的なものとせずに、客観的に見ることができるようになります。

②その人のリソースを認めて活用する

嫌いな相手にも、リソース（知識や経験、スキル、お金、情報など）があります。それをきちんと認める必要もあります。

職場では、相手の人格を重んじるのではなく、リソースを重んじるという割り切りも大切です。

つまり、使えるリソースは使わせていただくという発想を持つということです。

たとえば、プレゼンが得意な上司なので、プレゼンのスキルは教えてもらう（でも、人格までは認めない）、決裁権があるので企画を通してもらう（でも、人格までは認めない）……といった具合に、相手のリソースに目を向けて付き合うようにするのです。

苦手な相手を全否定する必要はありません。

肯定できる要素は肯定して、否定すべき要素は否定する。

その上で、**相手の肯定できる要素とだけつながればよいのです。**

このように相手を部分的に認めるためには、寛容の精神を持つことが不可欠です。

相手を自分の物差しで一方的に測ることなく、相手の意見を意見として認めるということです。

賛同はしないけれども相手の意見に耳を傾ける。

そういう姿勢で人と接していくことで、人間関係の苦しみも小さくなってくるのです。

加点主義で人と関わる三大要素

私たちが他者を評価するときには、「加点主義」と「減点主義」という二つの方向性があります。

加点主義は、「0からどれだけ積み上がっていくのか」という発想で相手を見ます。

一方、減点主義は、「理想の100点満点からどれだけ点数が減らされるのか」という視点で相手を見ます。

人間関係がうまくいかない理由の一つが減点主義にあります。

一方的に理想のラインを相手に押しつけ、それに反する行為を減点していく。

「声が高いのが嫌」

「ご飯をごちそうしてくれないのが嫌」

「メールの返信が遅いのが嫌」

……という具合に減点していくと、あっという間に相手に対する苦手意識が根付いてしまいます。

人と上手に付き合うには、加点主義の発想が不可欠です。

加点主義発想になるためには、次の三つの要素が基本となります。

①共感する

共感とは、相手の目で見、相手の耳で聞き、相手の心で感じることです。

たとえば、私の子どもがまだ幼かったころ、公園に連れて行ったことがありました。

そのときに、一つ自分のなかにルールを決めてみました。

「この場では、あれこれ口を出すのをやめて、子どもの目で見て、子どもの耳で聞き、子どもの心で感じよう」

子どもは非常に移り気です。

さっきまで蝶々を追っていたかと思うと、次の瞬間には、積み重なった落ち葉を布団にして大の字に寝転がります。

大人の視点から、「そんな、ちょろちょろするんじゃないよ！」「汚れるから寝転がってはダメじゃないか！」と言うのをやめて、私は子どもの感性に合わせました。

子どもの横に寝転がった私は聞きました。

「今、何をしているの？」

「僕は葉っぱのじゅうたんに寝ているの」

なるほど、と思いました。

そう思って、空を見上げると、風に流れる雲が上から下へと通り過ぎていきます。

まるで、じゅうたんに乗って空を飛んでいるような、なんともいえない浮遊感です。

私は子どもに共感したことで、子どもの感性に感動したのです。

②未来志向を持つ

相手に一方的な理想を押しつけるから、「できていないこと」が許せなくなります。

「みんなできているのに、なぜできないのか」

「こんな簡単なこともできないのか」

これでは、未来に向かって進むこともままなりません。

人は1人ひとり目標を持って生きています。そして、職場などでは共通する目標を持って仕事をしています。

今を出発点として未来の共通目標に目を向けていると、相手の「できたこと」

を認めて評価できるようになります。

どこまで行っているか、ペースは速すぎないか、遅すぎないか……。相手と同じペースで進みながら、一緒にゴールを目指すのが加点主義的な人間関係のあり方です。

相手と一緒にフルマラソンのゴールを目指すようなイメージでしょうか。

③プロセスを重視する

結果ではなくプロセスを重視すると、積み上げた一つひとつの実績を認められるようになります。

「ここまでできた」

「ここまで頑張っている」

「よくやった」

と、声をかけ続けていると、相手と共に学び、共に楽しむ共生関係が育ってきます。

アドラーは「個人はただ社会的な、人間関係的な文脈においてだけ個人となる」と言いました。

個人は孤立して存在しているのではなくて、仲間と共にあるということです。

つまり、加点主義はアドラーが重んじた「仲間」という意識を持つことにつながっているのです。

うまくいく人間関係のサイクル

この本では、自分を変えることが人間関係を変えることであると繰り返しお伝えしてきました。

最後に、よい人間関係の重要ポイントをおさらいしていきましょう。

まず、人間関係のベースにあるのは「尊敬」と「信頼」です。

相手を尊敬し、信頼してこそ、ベターな未来に向けた行動をとれるようになります。

そして、相手に対する「共感」を忘れないようにしましょう。

共感は、相手の目で見、相手の耳で聞き、相手の心で感じることでしたね。

そして、お互いの価値観の違いを踏まえた上で、共通の目標に向けて「協力」関係を作っていきます。

そこには、自分のモノサシを振りかざすのではなく、相手の考え方や物の見方を尊重するための「寛容」が不可欠でしょう。

もし人間関係でうまくいかないことがあったら、**「尊敬」「信頼」「共感」「協力」「寛容」の五つのポイントに戻って、自己点検をしてみましょう。**

「尊敬という点で欠けていた点はないだろうか」

「本当に自分は相手に共感していたのだろうか」

「相手と協力的になれずに、ぶつかり合う関係になっていたのではないだろうか」

それらを絶えずチェックしていけば、何をどうすればよいかが自然と見えてきます。

「尊敬」「信頼」「共感」「協力」「寛容」の五つを守っていくことが、よい人間関係のサイクルを作っていく一番の方法なのです。

おわりに

トルストイの『アンナ・カレーニナ』の冒頭に次の表現があります。

「幸せな家族はどれもみな同じようにみえるが、不幸な家族にはそれぞれの不幸の形がある」

（望月哲男訳、光文社古典新訳文庫）

私はトルストイの言葉を次のようにして受け止めています。

「幸せに生きる家族は、シンプルな生き方をしているが、わざわざ不幸になるような生き方をする家族は、物事を複雑に受け止めて、結果として不幸を招いてしまう」

このことは、人間関係についてもあてはまります。

人間関係をシンプルにとらえ、協力の方向に向けることができるならば幸福が近づいてくるのですが、もつれた糸のように複雑にしてしまうと、それぞれの人たちの悪さ加減を非難し合い、協力が困難な、不幸な生き方を選び取ることになります。

アドラー心理学をベースとするこの本で、著者の私は、シンプルで建設的な人間関係の方法をご提案しました。

お読みになっていかがでしたでしょうか？

この本の読者に対する私の願いは「とにかく日常生活で生かし、習慣化してほしい」に尽きます。

とにかくアドラー心理学は、「実践に生かせる心理学」なのです。

加えて、自分自身に生かすだけでなく他者のためにも役立ててほしいとの願いを込めています。

この本の出版にあたって次の方々に感謝の気持ちを表明します。

大和書房編集部の高橋千春さんは、出版のお声掛けをいただいた段階から出版に至るまで実に細やかなご対応をいただきました。高橋さんに、まずお礼を申し上げます。

次に、渡辺稔大さんは、私の粗雑な文章をすっきり読める文章に構成・編集してくださいました。

第三に、私がこの30数年間に接してきた受講生、クライアントの方々に感謝申し上げます。

この人たちがいなかったならば、私の実践の場がなかったのですから。

最後に、ここまで読み切ってくださったあなたに感謝いたします。

後は、あなたの実践を待つばかりです。

筆者の経営するヒューマン・ギルドでは、人間関係のさまざまなトレーニングの場を用意しております。

もっと腕を磨きたいということでしたら、お気軽にカウンセリングか研修にお越しください。
実際にお目にかかれるのを楽しみにしております。

岩井　俊憲

本作品は小社より二〇一四年九月に
刊行されました。

岩井俊憲（いわい・としのり）

アドラー心理学カウンセリング指導者、中小企業診断士。１９４７年栃木県生まれ。上級教育カウンセラー。１９７０年に早稲田大学卒業後、外資系企業の管理職などを経て、１９８５年にヒューマン・ギルドを設立し、代表取締役に就任。ヒューマン・ギルドでアドラー心理学を主に使ったカウンセリング、心理学の各種講座を行うほか、企業・自治体から招かれ、アドラー心理学を基盤とした勇気づけやリーダーシップ、コミュニケーションの研修などを行っている。

著者に『感情を整えるアドラーの教え』（大和書房）、『勇気づけの心理学 増補・改訂版』（金子書房）、『マンガでやさしくわかるアドラー心理学』シリーズ（日本能率協会マネジメントセンター）、『人生が大きく変わる アドラー心理学入門』（かんき出版）、『アドラー流 人をＨａｐｐｙにする話し方』（三笠書房 王様文庫）、『働く人のためのアドラー心理学』（朝日文庫）など。

だいわ文庫

人間《にんげん》関係《かんけい》が楽《らく》になるアドラーの教《おし》え

著者 岩井《いわい》俊憲《としのり》

©2018 Toshinori Iwai Printed in Japan

二〇一八年六月一五日第一刷発行
二〇一九年八月二〇日第六刷発行

発行者 佐藤 靖
発行所 大和《だいわ》書房
東京都文京区関口一―三三―四 〒一一二―〇〇一四
電話 〇三―三二〇三―四五一一

フォーマットデザイン 鈴木成一デザイン室
編集協力 渡辺稔大
本文デザイン 西垂水 敦・太田斐子(Krran)
本文印刷 シナノ
カバー印刷 山一印刷
製本 小泉製本

ISBN978-4-479-30708-2
乱丁本・落丁本はお取り替えいたします。
http://www.daiwashobo.co.jp

だいわ文庫の好評既刊

*木村泰司
名画は嘘をつく
「夜警」「モナリザ」「最後の審判」「ラス・メニーナス」「叫び」など、西洋絵画に秘められた嘘を解き明かす斜め上からの芸術鑑賞！
740円
006-J

*籔内佐斗司
仏像礼讃
「せんとくん」生みの親でもある彫刻家が、知る人ぞ知る古仏から、京都・奈良の名刹の国宝まで、一度は拝観したい至宝の仏像を厳選！
900円
011-J

*和の色を愛でる会
暮らしの中にある日本の伝統色
朱鷺色、縹色、鶯色、芥子色……。美しい伝統色は、暮らしのあらゆる場面で息づいています。古来から伝わる色の由来とエピソード。
740円
007-J

*小谷太郎
知れば知るほど面白い
不思議な元素の世界
読めば世界が変わって見える！　美麗な鉱石、貴重な研究施設などの写真とともに、元素の始まりから最新事情までカンタン早わかり！
740円
014-J

*岩槻秀明
子どもに教えてあげられる
散歩の草花図鑑
道端に咲く「この花、なあに？」にこたえられるポケットサイズの草花辞典。オールカラーでわかりやすい！
800円
020-J

*平川陽一
ディープな世界遺産
悲恋の舞台、不気味な歴史、きな臭い栄華と凋落……。歴史への扉をひらく魅惑の世界遺産をオールカラー写真とともに完全網羅！
740円
001-J

*印は書き下ろし

表示価格はすべて本体価格（税別）です。本体価格は変更することがあります。